O**GUIA**PRÁTICO**DE**

TEORIAMUSICALMODERNA

PARAGUITARRISTAS

Com mais de 180 minutos de exemplos em áudio

JOSEPH**ALEXANDER**

FUNDAMENTAL**CHANGES**

O Guia Prático de Teoria Musical Moderna para Guitarristas

Com mais de 180 minutos de exemplos em áudio

Edição em Português

Publicado por **www.fundamental-changes.com**

ISBN: 978-1910403433

Copyright © 2019 Joseph Alexander

Traduzido por Anderson de Oliveira Elias Junior

Os direitos morais desse autor foram preservados.

www.fundamental-changes.com

Conteúdos

Introdução

"Eu preciso aprender a teoria da guitarra..."

Essa é *a* frase mais comum que eu escuto como professor particular de guitarra.

Pense no que essa frase significa para você. Por que você acha que se beneficiaria *"aprendendo teoria da guitarra"?* O que você irá fazer com ela? Como ela fará de você um músico melhor? Qual é o seu verdadeiro *objetivo?*

Minha crença é que a frase acima têm algumas falhas. Primeiramente, o que é a teoria da *guitarra?* A guitarra é um instrumento musical e não há nenhuma teoria da *guitarra* específica. O que eu te ensinarei nesse livro é a *teoria musical* aplicada à guitarra, a partir do ponto de vista de um guitarrista.

Um guitarrista de rock, corretamente, aborda a música (e a teoria musical) de maneira bem diferente de um pianista clássico. Quando solamos, nós usamos principalmente as escalas *pentatônica* e *modal*, portanto nossa perspectiva musical não começa necessariamente a partir das escalas Maior e Melódica Menor, como seria se nós estudássemos de forma clássica. A primeira escala que a maioria dos guitarristas aprendem é a *pentatônica menor.* Esse é o nosso som "pau para toda obra", antes de começarmos a explorar conceitos mais avançados.

Hoje é o dia de parar de pensar em si mesmo como um guitarrista que toca música. Você é um músico que toca guitarra.

É importante lembrar, entretanto, que a teoria é só uma maneira de comunicar ideias. Apenas porque um músico clássico e um de rock podem explicar uma ideia de formas diferentes, isso não significa que um dos dois está errado, só significa que eles têm perspectivas diferentes que são Úteis de formas diferentes.

Meu segundo problema com a afirmação "Eu preciso aprender teoria da guitarra", é que *não há nenhuma razão para aprender qualquer teoria a menos que você possa usá-la musicalmente.*

Imagine por um segundo que você conhecesse todas as regras do Português: você saberia tudo sobre pronomes, subjuntivo, preposições, locuções verbais etc.... Imagine que você soubesse tudo isso, **mas** não soubesse como falar. Essa é uma boa analogia para estudar teoria sem saber o vocabulário para aplicá-la. Qual tipo de músico você quer ser?

Eu estou escrevendo esse livro porque eu acho que há uma tendência entre os guitarristas de saberem teoria, mas não saberem como fazer música com ela. Nesse livro, eu ofereço exemplos reais e construtivos sobre *tudo* que é abordado. Se você apenas souber teoria e não como colocá-la em prática, será como pedir para alguém descrever a cor azul. Não é mais fácil ter um pouco de azul em sua palheta de cores para mostrar?

Há muitas maneiras diferentes de se descrever as ideias nesse livro. Eu espero que a forma como eu abordei e demonstrei cada assunto funcione para você. Há faixas de áudio para cada conceito importante, você pode baixá-las em **www.fundamental-changes.com/audio-downloads** completamente grátis.

É importante que você possa ouvir cada conceito em seu contexto, mesmo se você não puder entender imediatamente a ideia. Você ficará surpreso com o quanto você pode perceber apenas escutando cada exemplo. A música se trata de sons e sentimentos, não de palavras no papel, portanto não entre em pânico se uma ideia parecer complexa a princípio. Se nada der certo, por favor, me mande um e-mail através do site acima e eu farei todo o possível para responder suas perguntas.

Obtenha o Áudio

Os arquivos de áudio desse livro estão disponíveis para download gratuito em **www.fundamental-changes.com** e o link está no canto superior direito. Apenas selecione o título do livro no menu e siga as instruções para baixar os áudios.

Nós recomendamos que você baixe os áudios diretamente para seu computador em vez do seu tablet, e transfira-os para lá depois de adicioná-los à sua galeria de mídia. Então, você pode colocá-los no seu tablet, iPod ou gravá-los em um CD. Na página de download, há um PDF para ajudá-lo e nós também oferecemos suporte técnico através do formulário de contato.

Kindle / eReaders

Para aproveitar ao máximo esse livro, lembre-se de que você pode clicar duas vezes em qualquer imagem para ampliá-la. Desligue o bloqueio de "rotação de tela" e segure seu kindle em formato paisagem.

Agradecimentos ao **Quist** por disponibilizar todas as excelentes faixas de fundo desse livro.

Parte Um - A Construção da Escala Maior, Acordes e Harmonia

A Parte Um desse livro discute os conceitos básicos da música ocidental. É essencial que você entenda esses conceitos antes de seguir para a Parte Dois, onde discutiremos os *modos* da escala maior e as muitas abordagens que podemos escolher quando os usamos nos solos.

Na Parte Um, nós examinamos como as escalas são construídas, o que as torna únicas, as harmonizações delas (acordes) e a transposição de Progressões em diferentes tonalidades. Nós também aprendemos como os músicos se comunicam com uma linguagem padrão baseada em numerais romanos e como nomear de forma precisa as diferentes notas em uma escala.

O que é uma Escala?

Uma escala é uma série de notas entre dois pontos musicais estabelecidos. Esses dois pontos são sempre a mesma nota, mas em *oitavas* diferentes. Por exemplo, esses pontos podem ser ambos a nota "C", um sendo num registro mais alto que o outro:

Exemplo 1a:

(Visite **www.fundamental-changes.com/audio-downloads** para obter todos os exemplos em áudio e as faixas de fundo desse livro).

Ouça o exemplo acima, você pode escutar que embora as notas sejam fundamentalmente a mesma, elas estão em *alturas* diferentes. Uma escala é simplesmente uma forma de dividir os espaços entre essas notas.

Uma forma de pensar sobre isso é imaginar uma escada onde o primeiro e o último degraus são fixos, mas você pode mudar os espaçamentos entre quaisquer degraus entre eles. Alguns espaços podem ser menores, outros maiores, mas, seja como for que você os organize, após subir a escada, você sempre terminará no mesmo degrau fixo.

Os degraus na nossa escada são as notas que nós tocamos e os espaços entre os degraus são as distâncias entre essas notas. Essas distâncias são medidas em *tons* e *semitons.* – dois semitons têm a mesma distância de um tom.

É essa distribuição de notas que faz com que cada escala soe de forma diferente e lhes dá uma sensação musical diferente.

Uma vez que você tenha "definido" os degraus da sua escada, você pode levar a sua escada para qualquer lugar (nota) e colocá-la em uma posição diferente. Da mesma forma, qualquer escala do mesmo *tipo* sempre tem o mesmo padrão de tons e semitons, não importa qual seja a nota de início.

Por exemplo, o padrão de tons e semitons é o mesmo quer você esteja tocando a escala de C Maior, F# Maior, Bb Maior ou qualquer *outra* escala *maior*.

Cada escala do mesmo tipo sempre tem o mesmo padrão.

A Escala Maior

Resumo

Embora não seja uma das escalas mais comumente utilizadas por guitarristas, a escala Maior tem sido a pedra fundamental da harmonia da música ocidental nos últimos 800 anos. A maioria dos acordes que você escuta na música podem ser formados a partir dessa escala. É essencial entender como essa escala funciona porque o seu padrão de divisão é o referencial pelo qual descrevemos *qualquer* outro tipo musical.

É claro, a escala maior é usada no rock, mas normalmente a sua sensação extremamente alegre é um pouco brilhante demais para nós. Há algumas excelentes exceções, entretanto. Ouça **Friends** de Joe Satriani para ver uma escala maior realmente triunfal.

Outras músicas que você pode querer ouvir, dependendo do seu gosto musical, são:

Jessica do Allman Brothers

O tema principal de **Cliffs of Dover** de Eric Johnson, (começando em 2:32)

Ou mesmo, **Like a Rolling Stone** de Bob Dylan

Normalmente, você pode descobrir que uma melodia é criada a partir da escala maior, antes de um solo de guitarra ser tocado em um tom menor para dar um som mais roqueiro, por exemplo em **Jump** do Van Halen.

É extremamente importante que você entenda como a escala maior funciona e como criar melodias e harmonias a partir dela antes de adentrar no restante desse livro, portanto tenha certeza que você está confortável com as ideias das próximas seções antes de seguir para a parte dois.

Construção

Voltando a analogia da escada, nós podemos dizer que o som particular ou "sabor" da escala maior é devido ao modo como os degraus estão espaçados entre os dois pontos fixos das extremidades. Em outras palavras, existe um padrão estabelecido de tons e semitons que dão a escala maior a sua qualidade única. Vamos descobrir quais são eles.

A melhor maneira de começar é examinar a escala de C Maior. Não há nenhum sustenido ou bemol nessa escala e se você estivesse tocando no teclado, você começaria e terminaria na nota C e tocaria apenas as notas brancas (sem nenhuma preta).

As notas, portanto, na escala de C Maior são:

C D E F G A B

A nota "C" é o *início* da escala, normalmente chamada de "tônica".

Você pode estar acostumado a tocar escalas na guitarra pelo braço, mas para começar e entender como os padrões de tons e semitons funcionam, nós analisaremos essa escala tocada ao longo de uma corda:

Exemplo 2a:

Cada casa da guitarra é um semitom (duas casas = um tom), portanto você pode ver que a distância entre C e D é de 1 tom e entre E e F é de um semitom.

Quando a escala é colocada assim, fica claro que a distância entre algumas notas é de 1 tom e entre outras é de 1 semitom.

Ouça e toque o exemplo 2a agora. Memorize esse padrão já que ele é essencial para tudo que virá.

O diagrama anterior é a escada da escala maior. Onde quer que coloquemos a primeira nota, o padrão de tons e semitons continua sendo igual se quisermos criar exatamente o mesmo som da escala maior.

O padrão fixado é este:

Tom, Tom, Semitom, Tom, Tom, Tom, Semitom.

C – D Tom

D – E Tom

E – F Semitom

F – G Tom

G – A Tom

A – B Tom

B – C Semitom

Como essas notas são peças fundamentais de toda a música, e sempre formam o mesmo padrão de tons e semitons em qualquer tonalidade, elas recebem a seguinte fórmula:

1 2 3 4 5 6 7

Por mais simples que possa parecer, nós usamos essa fórmula para ajudar a descrever todas as outras escalas. Por exemplo, anteriormente nesse livro você viu a fórmula:

1 2 3 #4 5 6 7

Essa é uma forma resumida de dizer que essa escala é plenamente idêntica à escala maior, exceto pela 4ª nota que foi *aumentada* em um semitom.

Na nossa tonalidade original de C Maior, nós tínhamos essas notas

C D E F G A B C

Portanto, a nova fórmula nos diz que as notas seriam

C D E F# G A B C

Construção da Escala Maior em Outras Tonalidades

Para formar a Escala Maior na tonalidade de C, nós simplesmente começamos na nota C e passamos alfabeticamente pelas notas até retornarmos ao ponto inicial. Vamos tentar essa ideia começando em um lugar diferente, por exemplo, na nota "G":

G A B C D E F G

Nós podemos checar para vermos se os degraus em nossa escada são os mesmos. Lembre-se do padrão da escala maior:

Tom, Tom, Semitom, Tom, Tom, Tom, Semitom.

G – A = Tom

A – B = Tom

B – C = Semitom

C – D = Tom

D – E = Tom

E – F = **Semitom**

F – G = **Tom**

Possivelmente, você já consegue ver que há um problema com o padrão de tons e semitons das últimas 2 notas, F e G. É mais fácil de ver isso no braço da guitarra.

Exemplo 3a:

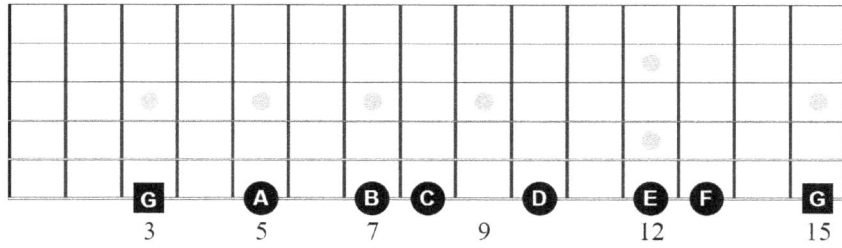

Toque esse exemplo e ouça como ele soa. Você consegue ouvir alguma coisa que não pertença a escala maior?

O último degrau da escada deveria ser de um semitom e o anterior deveria ser de um tom, dessa maneira:

Exemplo 3b:

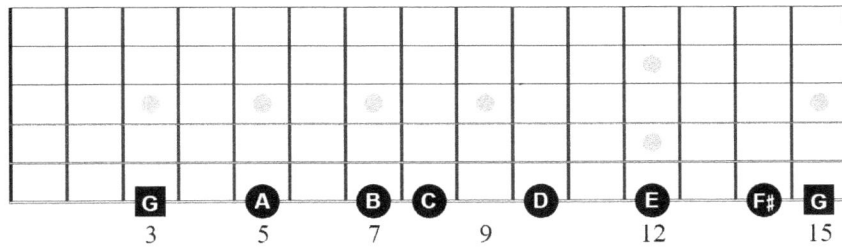

Para criar nosso padrão da escala maior de **Tom, Tom, Semitom, Tom, Tom, Tom, Semitom,** nós tivemos que subir a 7ª nota da escala em um semitom.

Essa escala agora é idêntica em construção a escala de C maior que nós estudamos no último capítulo:

1 2 3 4 5 6 7

Antes de termos subido a 7ª nota para F#, nós poderíamos ter escrito assim:

1 2 3 4 5 6 b7

Nós precisamos subir a 7ª nota para fazê-la ficar conforme a fórmula da escala maior.

O Ciclo das Quintas

Eu não escolhi a escala de G maior ao acaso. É uma regra da música que "se você subir uma escala maior cinco notas, e começar uma nova escala nesse ponto, você deve sempre subir meio tom a 7ª nota da nova escala para adequá-la a fórmula da escala maior."

Isso parece complexo no papel, portanto vamos recapitular o exemplo anterior e ver alguns outros.

Começando com a escala de C maior, eu caminhei por cinco notas. C, D, E, F, **G**

A partir da 5ª nota, G, eu formei uma nova escala, usando todas as notas anteriores da escala maior de C:

G A B C D E F G.

Então, eu adicionei um sustenido (ou subi um semitom) na 7ª nota da nova escala para adequá-la a fórmula da escala maior.

G A B C D E F# G

Essa é agora a escala de G Maior, porque eu obedeci ao padrão de **Tom, Tom, Semitom, Tom, Tom, Tom, Semitom.**

Vamos estudar o próximo exemplo:

Nossa última escala foi de G maior. Suba 5 notas: G, A, B, C, **D.**

Forme uma nova escala a partir do D e inclua todas as notas da escala anterior:

D E F# G A B C D

Suba meio tom a 7ª nota:

D E F# G A B C# D

Essa agora é a escala de D maior. Como você pode ver, ela segue o padrão estabelecido de tons e semitons:

Exemplo 3c:

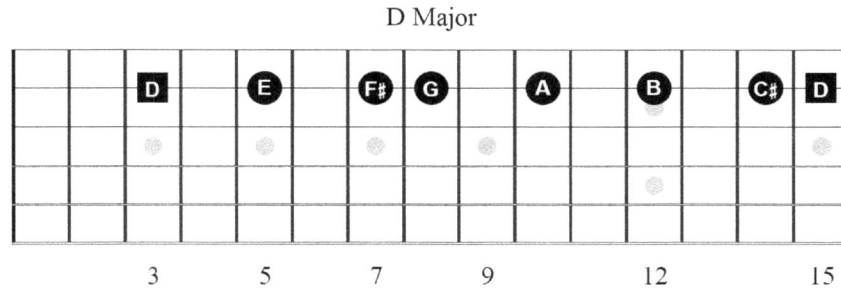

D Major

Toque esse exemplo agora para que você ouça como a escala está correta.

Vamos repetir esse processo mais uma vez:

Nossa última escala foi de D maior. Suba 5 notas: D E F# G **A**

Forme uma nova escala a partir do A e inclua todas as notas da escala anterior:

A B C# D E F# G A

Suba meio tom a 7ª nota:

A B C# D E F# **G#** A

Nós formamos agora a escala de A maior. Teste da mesma forma para garantir que está correta.

Seguindo essa regra, nós podemos formar todas as escalas maiores em "tons sustenidos". Essa regra é chamada de "O Ciclo das Quintas" por causa da maneira como você forma uma nova escala a partir da quinta nota da escala anterior.

Tocando a Escala Maior em Uma Posição

Até agora, nós separamos as notas da escala maior ao longo de uma corda para visualizarmos da mesma forma que um pianista, de maneira linear. Quando estamos começando como guitarristas, entretanto, nós gostamos de ver as escalas serem tocadas em uma posição do braço para que todas as notas fiquem dentro de uma região da guitarra. O formato da próxima escala é a *posição fundamental* da escala de C maior. A *posição fundamental* significa que a nota mais grave da escala (C) é a primeira nota que nós tocamos nesse formato. Os formatos de escalas seguintes abrangem *duas* oitavas, não apenas uma como nós vimos anteriormente.

Exemplo 4a:

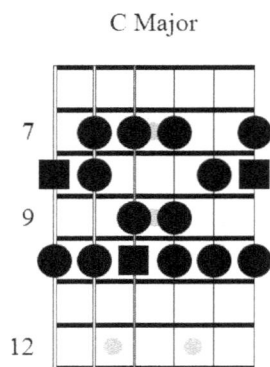

C Major

Os quadrados são as tônicas da escala.

Toque esse exemplo *lentamente*. Esse não é um livro de técnica! O objetivo é fazer com que você *ouça* e entenda como essa escala soa e funciona musicalmente. Lembre-se, todos os exemplos em áudio desse livro estão disponíveis em **www.fundamental-changes.com/audio-downloads**

É totalmente vital que você passe algum tempo memorizando esse formato de escala. Não há sentido em saber teoria, sem saber como ela soa e como usá-la.

Para ajudá-lo a memorizar a escala, tente vê-la sendo tocada sobre um acorde de C maior com pestana.

Exemplo 4b:

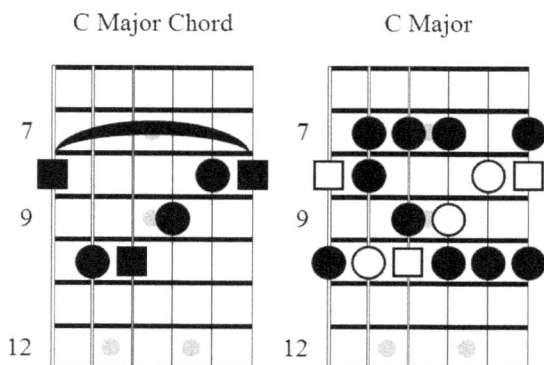

C Major Chord   C Major

A partir de agora, os formatos dos acordes serão sempre sugeridos por pontos sem preenchimento em cada diagrama de escala.

Assim que você tiver memorizado o formato da escala, tente tocá-la ascendente e descendentemente usando semicolcheias a 80 bpm.

Exemplo 4c:

O meu livro **Complete Technique for Modern Guitar** ensina como desenvolver técnica, aumentar a velocidade e melhorar a fluência com todos os formatos de escalas usuais. Até o momento de publicação deste livro, ele é atualmente um dos mais vendidos da Amazon.com.

Na segunda parte deste livro, nós veremos como usar a escala maior para ser criativo e desenvolver solos.

Armadura de clave

Uma forma fácil de saber em qual *tonalidade* uma música foi escrita é olhar o número de sustenidos no início da música. Isso é chamado de *armadura de clave*. Se você lembrar da primeira escala que vimos, C Maior, você recordará que ela não tinha nenhum sustenido ou bemol. Portanto, a armadura de clave de C maior não tem nenhum sustenido ou bemol:

Entretanto, a escala de G maior tem uma nota F#, portanto a armadura de clave de G maior possui um F#:

D maior tinha as notas F# e C#:

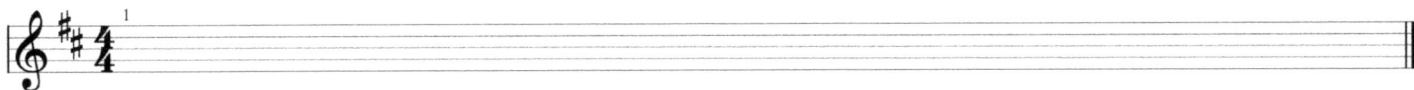

E a escala de A Maior tinha F#, C# e G#:

Se você quiser descobrir rapidamente em qual tonalidade está, olhe o último sustenido a direita e suba um semitom. Por exemplo, na tonalidade de D Maior, o último sustenido a direita é C# (a 7ª que nós subimos um semitom quando formamos a escala). Um semitom acima de C# = D Maior.

Se o último sustenido na armadura de clave é G#, você está em A Maior.

Se o último sustenido na armadura de clave é D#, você está em E Maior.

A tabela a seguir mostra a ordem das tonalidades e o número de sustenidos gerados quando você segue o Ciclo das Quintas, como descrito acima:

Tonalidade	Ordem dos Sustenidos	Quantidade de Sustenidos
C Maior	/	0
G Maior	F#	1
D Maior	F#, C#	2
A Maior	F#, C#, G#	3
E Maior	F#, C#, G#, D#	4
B maior	F#, C#, G#, D#, A#	5
F# Maior	F#, C#, G#, D#, A#, E#	6

É importante perceber uma pequena complicação aqui. Há duas tonalidades que *dividem* a mesma armadura de clave; uma tonalidade maior e uma tonalidade menor.

Tonalidades Relativas Menores

É importante abordar a ideia de armaduras de claves compartilhadas para evitar confusões, antes de seguirmos em frente.

Cada tonalidade maior tem uma tonalidade menor relacionada proximamente. Na sua forma mais pura, elas compartilham exatamente as mesmas notas, portanto possuem a mesma armadura de clave. Normalmente, essa escala *relativa menor* é chamada de "natural" menor. Como guitarrista, você pode ter ouvido alguém chamando-a de *Modo Eólio*. São a mesma coisa.

Para descobrir facilmente o relativo menor de qualquer escala, suba 6 notas na escala maior e comece uma nova escala a partir daí. **Porque nós começamos em uma nota diferente, os padrões de tons e semitons são diferentes e, portanto, a escala irá soar diferente.**

Por exemplo, na tonalidade de C Maior, subindo 6 notas da escala

C D E F G **A**

O A menor é relativo menor de C maior.

A armadura de clave de A menor é a mesma da de C maior e não tem nenhum sustenido ou bemol.

Em G:

G A B C D **E**

E menor é relativo menor de G maior.

A armadura de clave de E menor é a mesma da de G maior e tem um sustenido, (F#).

Construção da Natural Menor

Quando nós formamos uma nova escala a partir da 6ª nota da escala maior, há um novo padrão de tons e semitons.

Tom, Semitom, Tom, Tom, Semitom, Tom, Tom.

Como pode ser visto neste diagrama:

Exemplo 4d:

A minor

Quando comparada com a escala maior, a fórmula para a escala menor natural é

1 2 b3 4 5 b6 7

Uma forma rápida de ver isso é que há só três semitons (uma 3ª *menor*) entre a primeira e a terceira nota.

Você também pode perceber facilmente que a 7ª nota, G (12ª casa) está um tom abaixo da tônica "A". Quando a 7ª nota está um tom abaixo da tônica, ela é *sempre* um b7.

O b6 é mais difícil de enxergar, mas se você examinar a escala de A *maior* mostrada anteriormente, você verá que a sexta nota é F#. Aqui é F natural e foi, portanto, diminuída em um semitom.

Se nós compararmos a escala de A menor natural com a escala de A maior é fácil de ver as alterações.

A maior: A B C# D E F# G#

A menor: A B C D E F G

Outros tipos de escala menor que você pode encontrar são a *harmônica menor* e a *melódica menor*. Essas escalas podem ser vistas como sendo baseadas na natural menor (ou modo Eólico), mas com a alteração de certos graus da escala.

A escala *harmônica menor* tem a fórmula:

1 2 b3 4 5 b6 7 (O sétimo grau é aumentado um semitom a partir da menor natural)

A escala *melódica menor* tem a fórmula:

1 2 b3 4 5 6 7 (Isso é normalmente visto pelos guitarristas como sendo simplesmente a escala maior com uma terça bemol)

A escala natural menor é abordada em maiores detalhes nos capítulos finais, portanto nós continuaremos por enquanto com nosso foco na teoria da escala maior.

Harmonizando a Escala Maior

Quando usamos a palavra "harmonizando", queremos realmente dizer "construindo acordes". Quando harmonizamos a escala maior, nós construímos um acorde a partir de cada nota da escala.

O que é um acorde?

Um acorde, tecnicamente, é a combinação de três ou mais notas. Um acorde puramente maior ou menor tem apenas três notas separadas. Normalmente, nós tocamos acordes maiores e menores na guitarra que usam mais do que três cordas. Embora estejamos tocando quatro, cinco, ou até mesmo seis cordas, nós estamos tocando três notas individuais que são dobradas em oitavas diferentes.

Por exemplo, no acorde seguinte de C maior, os nomes das notas estão dados... Você pode perceber que embora nós toquemos seis cordas, há apenas três notas individuais.

C Major Chord

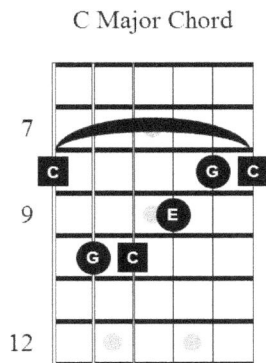

Nesse formato, a nota C aparece três vezes e a nota G aparece duas vezes. A única nota que aparece uma vez só é o E.

De onde vêm essas notas?

Para descobrirmos quais notas se juntam para formar cada acorde individualmente, nós devemos aprender como harmonizar a escala maior.

Os acordes são formados quando "empilhamos" notas específicas de uma escala uma sobre as outras. Veja novamente o exemplo anterior. O acorde de C maior possui apenas as notas C, E e G. No contexto da escala maior, nós tiramos as notas 1, 3 e 5:

C	D	E	F	G	A	B	C
1	2	3	4	5	6	7	8/1

Isso pode ser visto como pular ou "saltar" qualquer outra nota na escala. Por exemplo, nós formamos esse acorde Começando no C, Pulando D e Parando no E, Pulando o F e Parando no G. É assim que a maioria dos acordes simples de 3 notas são formados.

C E G

D F A

E G B

F A C

G B D

A C E

B D F

Se nós enxergamos as notas de C maior espaçadas pelo braço, nós podemos estabelecer qual padrão de notas é necessário para formar um acorde *maior*.

Exemplo 5a:

C Major

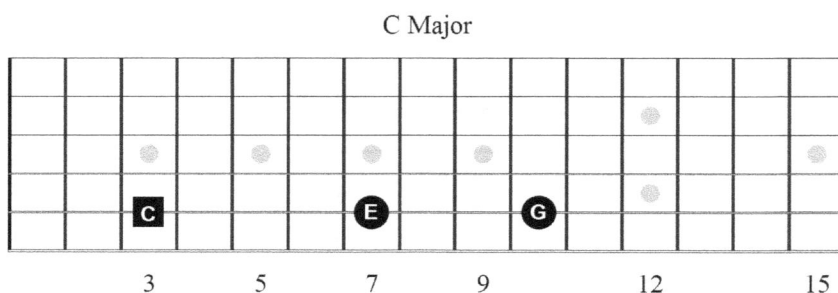

A distância entre as notas C e E é de *dois tons*.

Qualquer acorde com uma distância de dois tons entre as suas duas primeiras notas pode ser classificado como um acorde de tipo maior. Essa distância em música é geralmente chamada de uma *"3ª maior"*.

A distância entre a 3ª e a 5ª (as notas E e G) é de *um tom e meio*. Ela é *um semitom menor* do que a 3ª maior, portanto nós a chamamos de 3ª *menor*.

Quando medidos a partir da tônica, qualquer acorde maior *deve* ter dois tons entre a tônica e a 3ª e três tons e meio entre a tônica e a 5ª.

É uma convenção na música descrever as notas em um acorde em termos de sua relação com a fórmula da escala maior, **1 2 3 4 5 6 7**.

Então, em termos simples, um acorde maior tem a fórmula 1 3 5 e **o primeiro acorde em qualquer tonalidade maior é sempre maior.**

Seguindo para a segunda nota na escala de C maior (D) e repetindo o processo anterior, nós criamos:

C	D	E	F	G	A	B	C
1	2	3	4	5	6	7	8/1

Quando harmonizamos a partir da segunda nota da escala, nós temos as notas D, F e A. Na guitarra, a forma e o som são assim:

Exemplo 5b:

D Minor

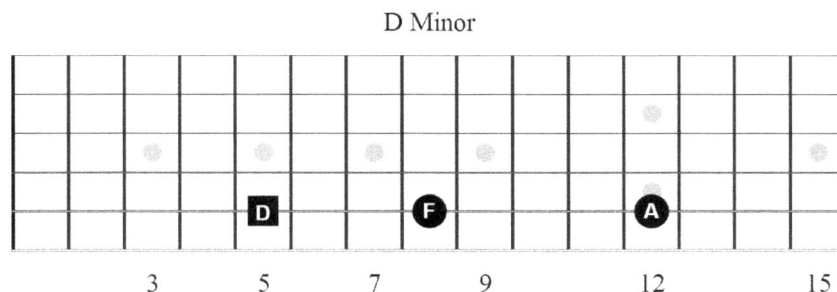

A distância entre as notas D e F é de um tom e meio ou uma *"terça menor"* o que significa que o acorde é *menor*.

Mas, a distância entre as notas D e A ainda é de três tons e meio, que é o espaço correto para uma 5ª *justa*.

Com uma 3ª menor e uma 5ª justa, esse acorde é classificado como um acorde menor construído na nota D, ou simplesmente um "D menor".

Como uma fórmula, um acorde menor é expresso como 1 b3 5 e **o segundo acorde em qualquer tonalidade maior é sempre menor.**

Todas as notas da escala maior podem ser harmonizadas dessa forma e, com exceção da 7ª nota, B, são sempre acordes maiores ou menores.

Para poupar espaço, eu não vou mostrar a construção de cada acorde (entretanto, tente fazer isso sozinho). Os acordes harmonizados da escala de C maior são:

Acorde 1 (I)	C Maior
Acorde 2 (ii)	D Menor
Acorde 3 (iii)	E Menor
Acorde 4 (IV)	F Maior
Acorde 5 (V)	G Maior
Acorde 6 (vi)	A Menor
Acorde 7 (vii)	B Menor (b5) ou B *Diminuta*

Harmonizando o 7º Grau da Escala Maior

A 7ª ou nota "sensível" na escala maior é diferente. É o único acorde que não tem uma quinta justa. Quando harmonizamos o 7º grau da escala maior, a 5ª é um semitom menor e é chamada de quinta *diminuta* ou b5. A 7ª nota na escala de C maior é B.

Isso pode ser visto e ouvido no **exemplo 5c:**

B Diminished

A distância entre as notas B e D é uma 3ª menor, portanto isso deve ser algum tipo de acorde menor. Entretanto, a distância entre as notas B e F é de apenas seis semitons, não sete como nos exemplos anteriores. Portanto, esse acorde é chamado B menor(b5) ou B *Diminuta*. O acorde é tocado assim:

Exemplo 5d:

B Diminished

Esse é o único acorde na harmonia da escala maior que não tem uma 5ª justa. Ele não é normalmente usado na música pop por causa de sua natureza *dissonante*. Quando ele é usado, é normalmente uma *substituição* pelo 5º acorde da escala.

O Sistema de Numerais Romanos

Na música, os acordes são normalmente referenciados pelo sistema de numeração Romano. Em vez de chamá-los 1, 2, 3, 4, 5 etc., eles recebem numerais romanos equivalentes.

1 = I, 2 = ii, 3 = iii, 4 = IV, 5 = V, 6 = vi, 7 = vii.

Isso serve para evitar confusões quando nós estamos falando sobre distâncias de intervalos: 3ª, 4ª, 5ª e acordes: iii, IV ou V

Você perceberá que algumas vezes eu usei letras maiúsculas para cada numeral e em outras letras minúsculas. Nós usamos letras maiúsculas para descrever acordes maiores e minúsculas para descrever acordes menores.

Você pode ver isso em uma tonalidade maior; acordes I, IV e V são sempre maiores, enquanto ii, iii, vi e vii são menores.

Tocando os Acordes da Escala de C Maior Harmonizada

Agora que nós harmonizamos todas as notas da escala de C maior, aqui está como tocar cada uma das notas em posição aberta.

Exemplo 6a – 6g:

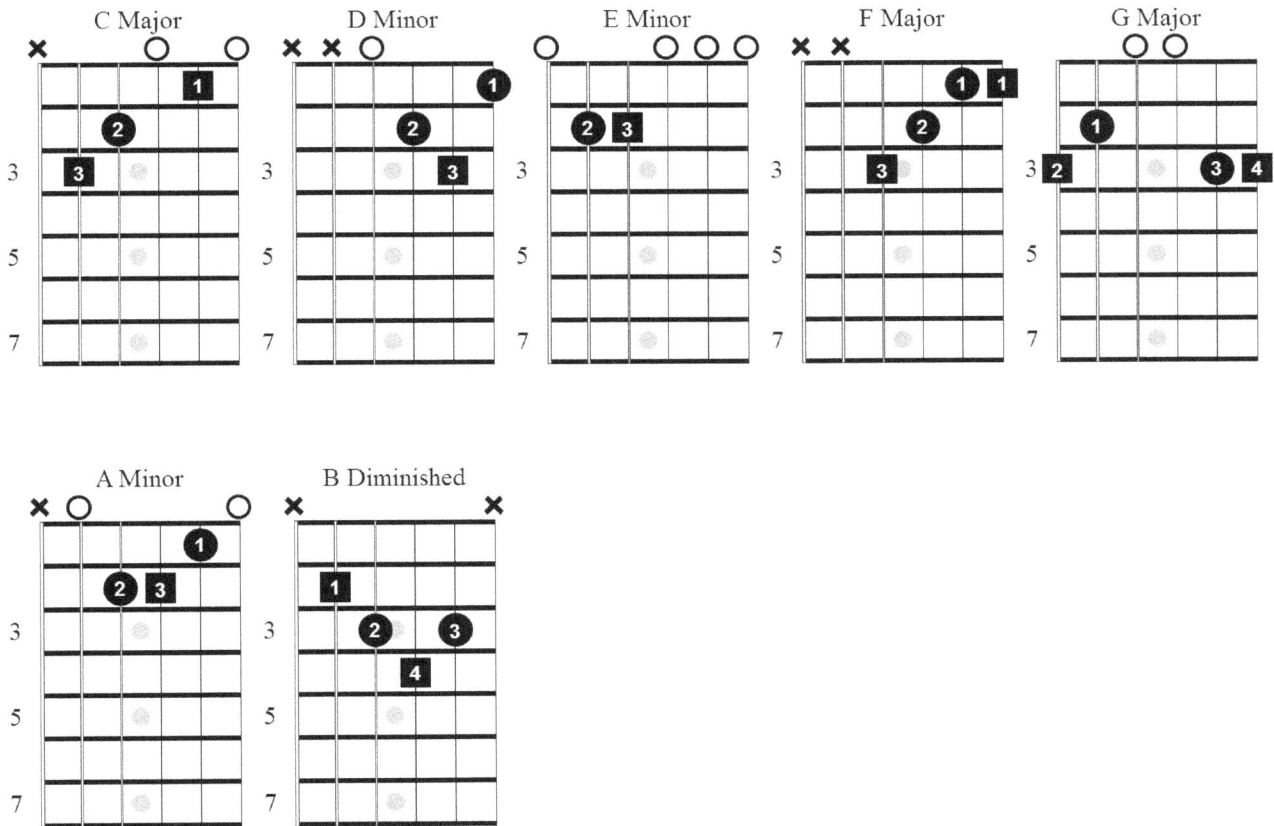

Progressões de Acordes Usuais a partir da Escala Maior

Agora que você sabe como os acordes básicos da escala maior são formados, é importante que você toque-os e entenda como eles funcionam na música moderna. Não há "certo ou errado" em composição, apenas se você gosta ou não da forma como soa. Dito isso, há alguns excelentes pontos de partida para se aprender antes de você começar a "quebrar as regras".

As Progressões de acordes, como dito anteriormente, são normalmente descritas em termos de numerais romanos.

Para recapitular cada acorde da escala maior, veja a tabela a seguir:

Acorde 1 (I)	C Maior
Acorde 2 (ii)	D Menor
Acorde 3 (iii)	E Menor
Acorde 4 (IV)	F Maior
Acorde 5 (V)	G Maior
Acorde 6 (vi)	A Menor
Acorde 7 (vii)	B Menor (b5) ou B *Diminuta*

Nesse capítulo, eu darei todos os exemplos como um diagrama de acorde e uma *fórmula* que você pode usar para *transpor* a progressão de acordes para outras tonalidades.

A primeira progressão mostrada no exemplo 7a é provavelmente a progressão de acordes mais comum da música ocidental. A estrutura da progressão é I, IV, V, IV.

Exemplo 7a:

O exemplo 7b é a progressão de acordes I, vi, ii, V. Novamente, essa é uma progressão extremamente comum na música popular.

Exemplo 7b:

I, IV, ii, V é uma que você deve ter ouvido em muitas músicas:

Exemplo 7c:

As Progressões de acordes não começam necessariamente no acorde I. Aqui estão algumas ideias Úteis para começar em outros graus da escala.

Primeiramente, a progressão vi, IV, I, V:

Exemplo 7d:

Outras que você pode ouvir são IV, V, iii, vi:

Exemplo 7e:

ou ii, iii, IV, V:

Exemplo 7f:

Há muitas combinações possíveis. A melhor coisa é tentar criar as suas próprias e ser criativo. Simplesmente, escreva uma progressão de acordes de 4 compassos como eu fiz acima, usando os acordes da tonalidade de C maior. Escute as Progressões usadas no rádio e tente descobri-las sozinho com a sua guitarra. Depois de um tempo, você começará a reconhecer certos movimentos de acordes comuns.

Quando você tiver essa capacidade, você perceberá que certas Progressões de acordes surgem repetidamente e é simplesmente o arranjo ou *orquestração* dos acordes que disfarçam essas sequências comuns.

Transpondo Progressões de Acordes para Outras Tonalidades

Como nós vimos, Progressões de acordes usuais normalmente seguem fórmulas estabelecidas. Por causa disso, pode ser fácil *transpor* uma progressão de acordes para outra tonalidade já que trabalhamos como cada acorde se encaixa com o sistema de numeração romano. Por exemplo, veja a progressão de acordes a seguir, na tonalidade de C maior:

Exemplo 8a:

Analisando com numerais romanos, vemos que na tonalidade de C maior nós estamos tocando

Acorde I, Acorde IV, Acorde VI e Acorde V.

Agora, nós podemos mudar essa progressão para qualquer outra tonalidade simplesmente transferindo o mesmo padrão de acordes para a nova escala maior. Por exemplo, vamos movê-la para a tonalidade de A maior, (**A B C# D E F# G#**)

Acorde I é A Maior

Acorde IV é D Maior

Acorde VI é F# menor

Acorde V é E Maior

Então, nossa nova progressão se torna:

Exemplo 8b:

I	IV	vi	V
A	D	F#m	E

Na tonalidade de E, torna-se:

Exemplo 8c:

I	IV	vi	V
E	A	C#m	B

Tente escrever as duas Progressões de acordes a seguir em diferentes tonalidades.

a)   I vi ii V

b)   IV V I vi

Treine os numerais romanos para as duas Progressões de acordes a seguir em **G Maior** e então transponha-as para a tonalidade de **E Maior.**

1)

2)

É fácil praticar transposição analisando qualquer canção que você costume tocar, escrevendo-a em numerais romanos e finalmente movendo esses numerais para outra tonalidade.

Acordes de Fora da Tonalidade

Estude a seguinte progressão de acordes:

Exemplo 8d:

Essa progressão é baseada em uma música do Radiohead e está na tonalidade de G, entretanto quando nós a analisamos, percebemos alguns acordes que não são formados a partir da escala de G maior harmonizada. O segundo acorde na canção é B *maior*. A nota B é a terceira nota na escala de G e como você já deve saber, quando nós harmonizamos o terceiro grau da escala maior, nós sempre formamos um acorde *menor*.

Está claro que o acorde de B menor foi trocado por um acorde de B maior. Isso é perfeitamente normal de acontecer, e frequentemente acontece. Isso torna a progressão de acordes mais interessante e é claramente essa a intenção do compositor. A única pergunta é, como nós escrevemos isso em numerais romanos?

O acorde continua *funcionando* como acorde iii, mas como foi alterado para se tornar um acorde maior em vez de um acorde menor, nós simplesmente escrevemos, "III Maior". (Percebeu os *Is* maiúsculos? Letra minúscula é para menor, letra maiúscula é para maior).

O C maior no compasso três é o correto para a tonalidade (é o acorde IV maior), mas no compasso quatro o C maior se torna um acorde de C menor. Ele poderia ser escrito como "iv menor". De novo, numerais em letras minúsculas indicam que é um acorde menor.

A progressão completa portanto poderia ser escrita como:

I, III(maior), IV, iv(menor).

Um blues em A menor como esse:

Exemplo 8e:

poderia ser escrito

i(menor), iv(menor), v(menor), i (menor).

Algumas vezes, entretanto, um acorde pode nem sequer existir dentro da escala da tonalidade matriz.

Essa progressão de acordes vem da parte do meio de *Sitting on the Dock of the Bay*, de Otis Redding.

Ela está na tonalidade de G:

Exemplo 8f:

Todos os acordes são derivados da escala de G maior, exceto pelo F no compasso 3. A escala de G maior não tem a nota F, (ela deveria ser F#). Se nós estivermos analisando a progressão acima com numerais romanos, nós lidaríamos com F Maior escrevendo bVII (maior) como se o 7º grau da escala de G maior (F#) tivesse sido *diminuído um semitom* para se tornar a nota F e está sendo tocado como um acorde maior.

A progressão inteira é escrita como I, V, IV, I, bVII (maior), V.

Outro excelente uso do bVII (maior) está na canção do *Blues Brothers*, Everybody Needs Somebody:

Exemplo 8g:

Essa progressão é I, IV, bVII (maior), IV

Outro acorde *não diatônico* usual é bIII(maior), usado aqui na tonalidade de A:

Exemplo 8h:

Essa progressão é I, V, bIII(Maior), IV, I.

Um acorde que os *The Beatles* usavam para gerar um bom efeito era o bVI(maior). Aqui está ele na tonalidade de C:

Exemplo 8i:

A progressão é I, IV, bVI(Maior), I.

Tente escrever esses exemplos em outras tonalidades. Mais importante ainda, veja se você consegue tocá-los e reconhecê-los.

Acordes com 7ª

Em praticamente todas as músicas, você verá acordes com nomes como "G7", "A menor 7", "C Maior 7" ou mesmo "B menor 7b5". Todos esses acordes podem ser formados a partir da escala maior. Na verdade, eles são simplesmente *extensões* do método original que usamos para construir acordes nos capítulos de harmonização.

Reveja como construímos acordes maiores e menores a partir da escala maior. Nós pegamos a primeira, terceira e quinta notas, pulando os tons adjacentes da escala. Se continuarmos a pular notas, e pararmos na sétima nota, por exemplo, 1 3 5 7, nós teremos criado um acorde com "7ª". Por exemplo:

C	D	E	F	G	A	B	C
1	2	3	4	5	6	7	8/1

Em vez de usar apenas as notas C, E e G, nós inserimos agora a nota B. Esse acorde é uma *tríade* maior de C com uma *7ª natural* adicionada e é chamado agora de C Maior 7. Perceba como a 7ª nota (B) está um semitom abaixo da tônica (C). O acorde pode ser tocado assim:

Exemplo 9a:

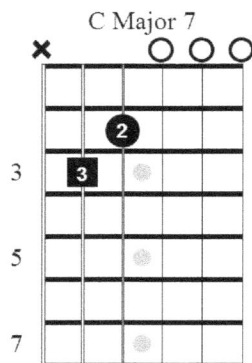

C Major 7

A nota adicionada, B, é tocada na 2ª corda solta. Toque e ouça esse acorde. Perceba como há uma riqueza quando comparado a um acorde de C maior comum. A fórmula para um acorde maior com 7ª é 1, 3, 5, 7.

Quando adicionamos a 7ª nota ao acorde ii (D menor), nós obtemos as seguintes notas:

D F A C.

Dessa vez, a 7ª nota (C) está um *tom inteiro* abaixo da tônica (D). Essa 7ª nota é portanto um *b7* não um *natural 7* como no exemplo anterior de C maior.

Quando nós adicionamos um nota b7 a um acorde menor, o acorde é chamado de "menor 7". Nesse caso, nós formamos o acorde de D menor 7. O acorde pode ser tocado assim:

Exemplo 9b:

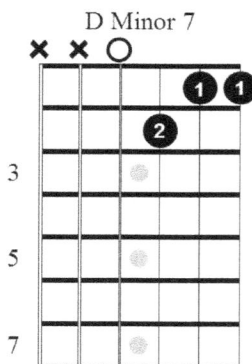

D Minor 7

Eu escuto isso como um tipo de acorde menor *suavizado*. Ainda triste, mas não tão triste como um acorde completamente menor. Todo acorde menor com 7 tem a fórmula 1 b3 5 b7.

Os dois tipos de acordes anteriores, maior 7 e menor 7, dão conta de 5 dos tons harmonizados da escala:

Acorde 1 (Imaj7)	C Maior 7
Acorde 2 (iim7)	D Menor 7
Acorde 3 (iiim7)	E Menor 7
Acorde 4 (IVmaj7)	F Maior 7
Acorde 5	
Acorde 6 (vim7)	A Menor 7
Acorde 7	

Como você pode ver, eu deixei de fora acordes V e vii. Isso porque eles são ligeiramente diferentes. Como você sabe, quando nós harmonizamos a escala maior, o acorde V (G) é sempre um acorde maior. Entretanto, a 7ª nota adicionada *não* é uma natural 7ª. Aqui está o acorde V harmonizado na tonalidade de C:

G B D **F.**

A nota F está um tom inteiro abaixo da tônica (G). É similar a nota b7 em um acorde com 7 menor. O que temos agora é um acorde *maior* com uma b7 adicionada.

Esse acorde é chamado de *dominante* com 7 e é simplesmente escrito com um "7" após o acorde tônica, por exemplo, *G7* ou *A7*. Tem a fórmula 1 3 5 b7.

G7 pode ser tocado assim:

Exemplo 9c:

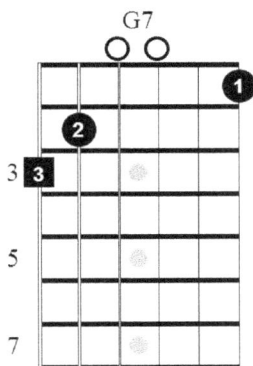

Os acordes Dominante com 7ª tem um som tenso e não resolvido, normalmente se movimentam para o acorde I da tonalidade, nesse caso, C maior.

Finalmente, quando harmonizamos a 7ª nota da escala maior, nós geramos um acorde que é bastante incomum na música pop ou rock, mas é normalmente utilizado no jazz.

Você deve lembrar dos capítulos anteriores que o acorde vii forma um acorde *menor b5* ou *diminuta*. Quando nós harmonizamos esse acorde quatro notas após a tônica de C, nós obtemos

B D F **A**

Novamente, nós estamos adicionando uma 7ª bemol (b7) e portanto o acorde é agora descrito como um "menor 7b5". Ele é normalmente escrito como *m7b5*. Nesse caso, você poderia ver Bm7b5. Esse tipo de acorde tem a fórmula 1 b3 5 b7.

Ele tem uma qualidade obscura e solene e é tocado assim:

Exemplo 9d:

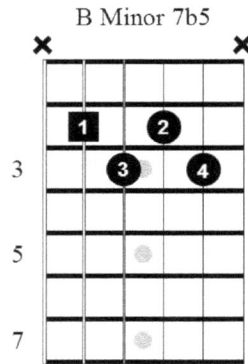

B Minor 7b5

Agora, nós podemos completar o diagrama da escala maior harmonizada.

Acorde 1 (Imaj7)	C Maior 7
Acorde 2 (iim7)	D Menor 7
Acorde 3 (iiim7)	E Menor 7
Acorde 4 (IVmaj7)	F Maior 7
Acorde 5 (V7)	G7 ou G *Dominante* 7
Acorde 6 (vim7)	A Menor 7
Acorde 7 (viim7b5)	B Menor 7 b5 ou Bm7b5

Acordes com 7ª podem sempre serem diretamente trocados por seus alternativos com 3 notas. Não há razão pela qual a progressão de acordes

Exemplo 9e:

não possa ser trocada por:

Exemplo 9e parte 2:

Entretanto, na maioria das formas da música pop (exceto o jazz), o colorido adicionado pela 7ª em um acorde maior pode ser excessivo, embora haja excelentes exemplos de acordes maiores com 7ª no rock.

Veja o F Maior 7 no quinto compasso de Stairway to Heaven do Led Zeppelin no **exemplo 9f:**

Outro bom exemplo de um acorde maior com 7ª no rock está em 0:53, em **Under the Bridge**, do Red Hot Chili Peppers:

Acordes *Dominante* 7 são usados bastante frequentemente e podem ser usados em vez de acordes diatônicos ou da harmonização "correta" de qualquer nota da escala maior. Por exemplo, compare do exemplo 9g ao exemplo 9e parte 2:

Exemplo 9g:

Ao tornar todos os acordes originais em dominantes com 7ª, a música ganha um sotaque muito mais blues.

Quando você usa o acorde dominante 7 em sua posição original, exemplo, como acorde V na tonalidade maior, ele serve para tornar o retorno ao acorde I mais forte. Compare os dois exemplos, a seguir:

Exemplo 9h:

Exemplo 9e (parte 2):

Você consegue ouvir como o G7 no segundo exemplo gera mais tensão no acorde de G maior e, portanto, mais força no retorno ao acorde inicial de C maior?

Extensões

As extensões ocorrem quando adicionamos notas acima da primeira oitava da escala ao nosso acorde com 7ª original. Por exemplo, estude o seguinte:

Escala de C Maior	C	D	E	F	G	A	B	C	D	E	F	G	A	B
Nome do Intervalo	1	2	3	4	5	6	7	1	2/9	3	4/11	5	6/13	7

Você verá que quando nós entramos na segunda oitava, algumas notas tem descrições de intervalos diferentes. Se a nota for um dos tons guias, por exemplo, 1 3 5 7, os nomes não se alteram na oitava mais alta. Isso porque quando você adiciona um tom guia em uma oitava diferente, a *qualidade* do acorde não é afetada. Em outras palavras, um acorde menor com 7ª que tenha dois b3 ainda tem as mesmas características fundamentais que um acorde menor com 7ª com apenas um b3.

Entretanto, quando você adiciona uma nota que não é um tom guia, ou seja, *uma extensão* do acorde original com 7ª, isso *sim* adiciona uma característica diferente ou tensão ao acorde e é, portanto, tratado como uma extensão. Em vez de serem chamados 2, 4 ou 6, eles são chamados agora de 9, 11 ou 13.

Por exemplo, se você pegar um acorde de A menor 7 e adicionar as notas 2ª/9ª (B), ele se tornará um A menor 9.

Exemplo 9i:

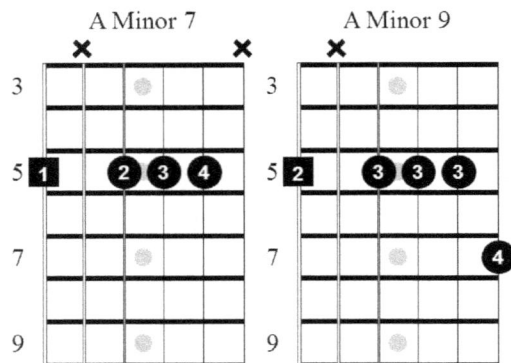

Se você pegar um acorde de D7 e adicionar as notas 2ª/9ª (E), ele se tornará um D9.

Exemplo 9j:

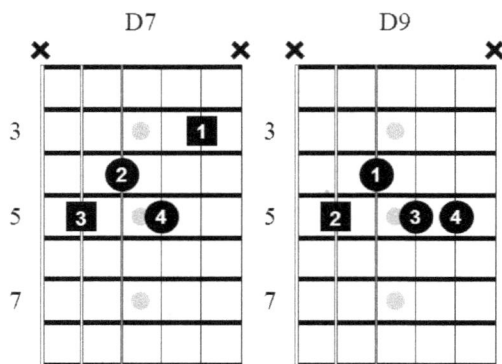

A mesma ideia se aplica às 11ª e 13ª.

Embora essa não seja de forma alguma uma discussão completa dos acordes formados sobre a escala maior, ela te dá base suficiente nos fundamentos para entender a segunda parte do livro onde nós abordaremos conceitos de modos, melodias e solos.

Como Nomear os Acordes

Nomear acordes pode ser um pouco subjetivo, embora o sistema que é ensinado na maioria das universidades e escolas de música se baseie em se o acorde que nós estamos nomeando tem uma 7ª, e em menor grau, uma terça.

Se um acorde **não** tiver uma 7ª, então as extensões são *geralmente* nomeadas utilizando-se a palavra "add" no nome.

Por exemplo, um acorde simples de C maior (1 3 5) com uma 9ª adicionada será chamado de Cadd9.

Esse nome significa que não há **nenhuma 7ª incluída.**

Em contrapartida, se pegarmos um acorde de C maior 7 e incluirmos uma 9ª, será chamado de C Maior 9:

Exemplo 9k:

C add 9   C Maj 9

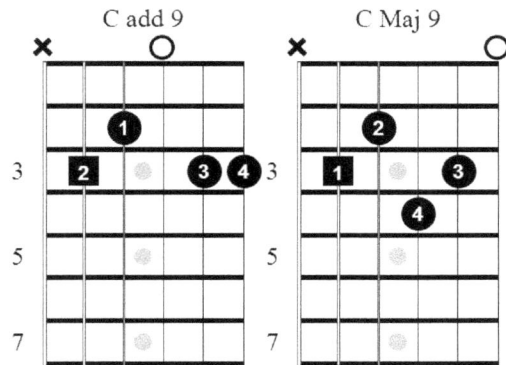

Um acorde de G maior (1 3 5) com uma 6ª adicionada é chamado de G6 ou "G Maior com 6ª", enquanto o acorde de G maior 7 (1 3 5 7) com uma 6ª (13ª) adicionada é chamado de G maior 13:

Exemplo 9l:

G Major 6 (G6)   G Major 13

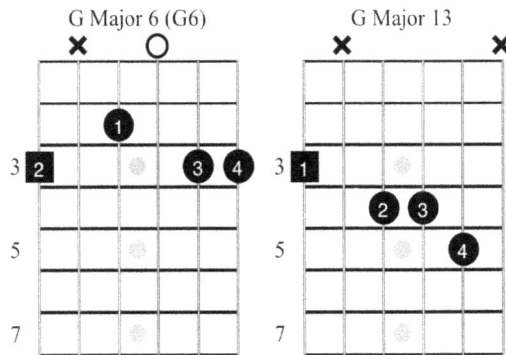

Da mesma forma, qualquer tríade menor com uma 9ª adicionada é chamada de "menor add 9" e um acorde menor com 7ª com uma 9ª adicionada é chamado de menor 9:

Exemplo 9m:

A Minor add 9   A Minor 9

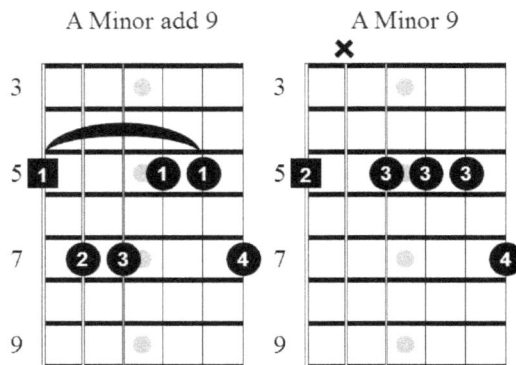

Acordes dominante com 7ª já *devem* ter uma nota b7 (1 3 5 b7), portanto as extensões são simplesmente chamadas "9", "11" ou "13", embora normalmente quando começamos a adicionar extensões mais altas, algumas notas sejam omitidas da parte mais grave do acorde para evitar confrontos indesejáveis.

A nota mais usual de ser descida é a 5ª, mas às vezes, especialmente em um acorde "11", a 3ª principal pode ser descida. Essa mudança da 3ª é mais usual na guitarra que em outros instrumentos por causa das limitações de abertura dos dedos. Em geral, é mais recomendável descer a 5ª ou a tônica do que uma 3ª.

Exemplo 9n:

D7   D9   D11   D13

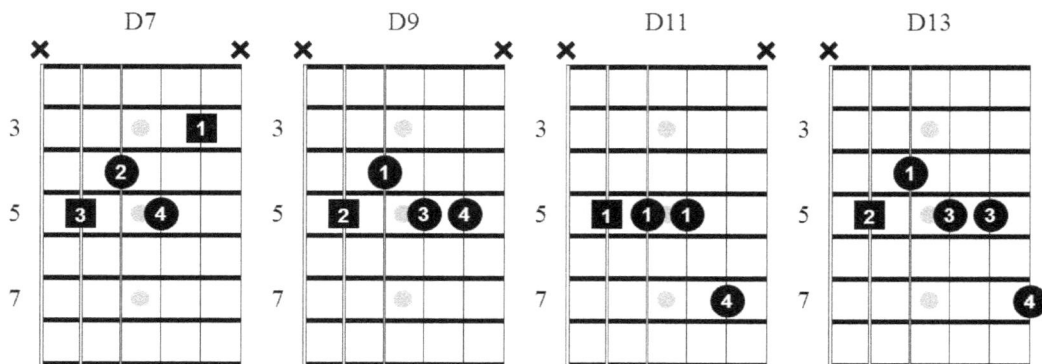

Lembre-se das regras gerais:

Se a 7ª do acorde estiver incluída, então as extensões são chamadas de 9, 11 ou 13.

Se a 7ª de um acorde não estiver incluída, então as extensões são chamadas de "add 9", "add 11" ou "add 6".

Pequenas complicações acontecem quando a 3ª de uma tríade é *substituída* por uma 2ª ou 4ª, como veremos agora.

Se nós examinarmos o acorde de D maior, nós veremos que a 3ª do acorde (F#) é tocada na corda E aguda.

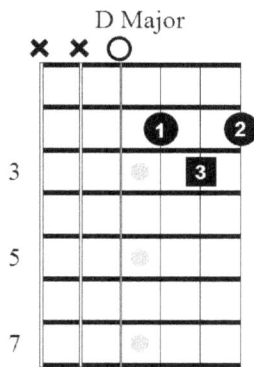

D Major

Se nós *substituirmos* a nota F# seja pela 2ª ou 4ª nota da escala, o acorde de D é chamado de *suspenso*. Uma acorde suspenso **não** tem uma 3ª.

Se substituirmos o F# por um E (2ª), nós formamos um acorde Dsus2, (1 2 5):

Exemplo 9o:

D Sus 2

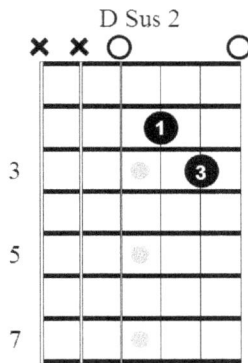

(O E é tocado na primeira corda solta)

Se substituirmos o F# por um G (4ª), nós formamos um acorde Dsus4, (1 4 5):

Exemplo 9p:

D Sus 4

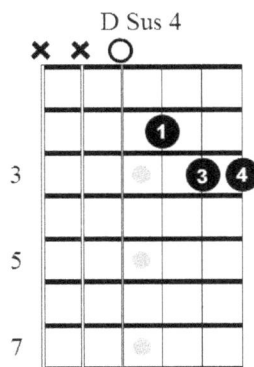

Por causa da falta de uma 3ª, esses acordes soam sem resolução ou "suspensos".

Parte Dois: Escalas, Arpejos, Modos, Solos e Substituições

A primeira parte desse livro foi uma rápida e necessária base nos fundamentos e essa segunda parte mergulha fundo em cada um dos *modos* da escala maior. Você aprenderá como usar arpejos e escalas Pentatônicas para criar sons novos e interessantes e cinco licks modernos Úteis em cada modo para fazê-lo tocar linhas melódicas apropriadas.

O que é um modo?

Um modo é uma escala que foi gerada ou *derivada* de uma *escala matriz*. Nesse livro, nós focamos nos 7 modos que são derivados da escala *maior*.

Para derivar um modo da escala maior, você começa em *qualquer* nota que não seja a tônica da escala maior e faz dela a tônica da nova escala. Então, você toca as notas da escala matriz *começando e terminando* na nova tônica.

Por exemplo, se tomarmos a escala de C maior:

C D E F G A B C

Mas começarmos na nota D:

D E F G A B C D

Nós teremos criado a nova escala. Nesse caso, nós criamos o *modo Dórico*.

Nós podemos começar em cada nota da escala maior para criar um novo modo:

E F G A B C D E é chamado de *modo Frígio*.

F à F é o *modo Lídio*.

G à G é o *modo MixoLídio*.

A à A é o *modo Eólico*.

B à B é o *modo Lócrio*.

Algumas vezes a escala maior matriz, C à C, é chamada de modo *Jônio*. Entretanto, isso não é mais tão comum atualmente.

Um fato extremamente importante de se lembrar é que a maior parte das músicas nos últimos 800 anos foram baseadas na *escala maior* e em sua harmonia. Os ouvidos ocidentais são condicionados desde o nascimento a ouvirem melodias em relação a escala maior. Sendo os modos que estamos estudando agora *construídos* a partir da escala maior, tocá-los isoladamente tenderá a fazer você ouvi-los pedindo resolução na tônica da escala maior matriz. Isso destrói as características modais e o resultado final é que você simplesmente *escuta* a escala maior começando em uma nota diferente.

Por exemplo, toque e ouça o exemplo 10a. É uma oitava do modo D Dórico. Quando você chega ao fim da escala, seus ouvidos querem seguir mais uma nota até o C, a tônica da escala matriz?

Exemplo 10a:

Agora, tente ouvir o exemplo 10b, onde eu toco exatamente a mesma coisa. Entretanto, dessa vez há uma faixa de fundo construída com acordes fortes do modo Dórico. Tendo seus ouvidos *enquadrado* as notas ao redor desses acordes, eles te permitirão ouvir as notas no contexto da tônica D.

Exemplo 10b:

Não é sempre necessário criar uma progressão de acordes complexa a partir de um modo para ouvir sua tonalidade única corretamente. Normalmente no rock, "power chords" ou riffs simples são usados para delinear uma tonalidade sem maior informação harmônica que a tônica e a 5ª de cada acorde. Entretanto, nesse livro eu vou te mostrar algumas Progressões de acordes especificamente modais que realçam a característica de cada modo.

Por Que os Modos Soam Diferentes da Escala Maior?

Voltando a nossa analogia de uma escala ser uma escada com degraus colocados em um padrão específico, um *modo* é simplesmente um espaçamento diferente desses degraus. Como os degraus estão espaçados de forma diferente, o modo tem um som diferente, especialmente quando você leva em conta que os acordes construídos a partir da harmonização do modo serão diferentes. Por exemplo, o acorde I na escala maior era um maior com 7ª, mas quando nós harmonizamos o modo Dórico, o acorde I é agora um menor 7. - Instantaneamente nós criamos um clima diferente. Selecionando cuidadosamente os acordes, nós podemos delinear as características únicas de cada modo.

Vamos olhar o padrão de tons e semitons da escala formada pelo modo D Dórico, e depois compará-lo com a escala de D Maior. Lembre-se que a escala maior equivalente é sempre nosso ponto de comparação para descrever qualquer tipo musical.

As notas de D Dórico são:

D E F G A B C D

Exemplo 10c:

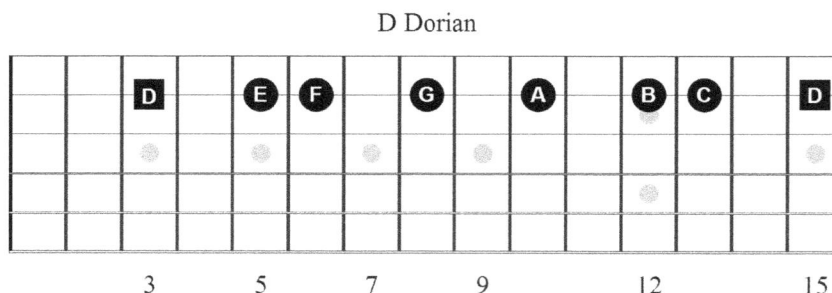

Enquanto as notas de D Maior são:

D E F# G A B C# D

Exemplo 10d:

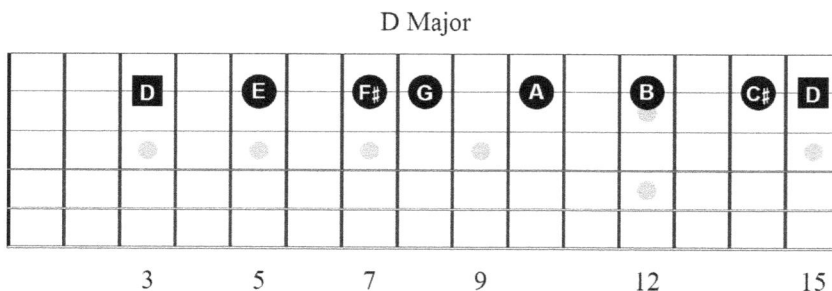

Pode-se notar que em vez da nota F# na escala de D maior, o D Dórico tem um F Natural. Em outras palavras, a terça, F#, foi descida em um *bemol*. Isso é escrito como "b3".

Também é possível notar que em vez da nota C# na escala de D maior, o D Dórico tem um C Natural. Em outras palavras, a sétima, C#, foi descida em um *bemol*. Isso é escrito como "b7".

Lembrando da fórmula simples da escala maior:

1 2 3 4 5 6 7

Isso significa que a fórmula do modo Dórico é:

1 2 b3 4 5 6 b7

Se você lembrar que qualquer *acorde* menor sempre tem um b3, você já começará a entender que o D Dórico irá soar bem diferente da escala maior. O primeiro arpejo 1 b3 5 b7 delineia um acorde menor 7, portanto esse modo terá uma qualidade de som razoavelmente triste.

Reiterando:

Esse novo padrão de tons e semitons em um modo cria um clima diferente da escala maior original.

Esse clima é enfatizado ao se tocar a escala modal sobre uma progressão de acordes ou riffs que realcem fortemente os acordes que são derivados do modo harmonizado.

É importante a princípio permitir que a harmonia (progressão de acordes) "prepare" o som do modo. Os ouvidos do ouvinte precisam aceitar o fato de que o modo não se resolve na tônica da escala maior matriz. Ao enquadrar o contexto modal da escala com os acordes, o ouvinte aceitará e ouvirá a nova estrutura de intervalos do modo que você está usando.

Analisando as Escalas Modais

Em vez de ver a escala como sendo simplesmente uma longa sequência de notas, a forma moderna de abordar o improviso com escalas é quebrá-las em pequenas subdivisões. *Escondidas* dentro de cada escala estão várias "unidades" melódicas que você pode usar como conceitos de solo únicos. Vendo todas as escalas como um grupo de pedaços menores, é fácil encontrar novas formas para tocar e ser criativo. Um dos maiores benefícios disso é que em vez de tocar ideias de escalas, nós automaticamente introduzimos saltos e pulos em nossa forma de tocar que ajudam a quebrar a monotonia de longas linhas melódicas.

Outra vantagem importante disso é que você pode escolher as notas mais coloridas de uma escala e insinuar o seu colorido particular tocando apenas um número limitado de notas.

Cada escala pode ser repartida nas seguintes estruturas principais:

Intervalos de 2 Notas

Um intervalo é a distância entre duas notas. Assim como nós formamos acordes saltando uma nota na escala maior, por exemplo, C – E (intervalos de uma 3ª), nós podemos pular outras distâncias, por exemplo: duas notas C – F (4ª), três notas C – G (5ª) etc. Ao saltarmos intervalos quando tocamos, nós começamos a quebrar a natureza linear de uma escala. Nós introduzimos saltos melódicos e padrões. Embora a *tonalidade* geral do modo que nós estamos tocando continue a mesma, você pode se surpreender com as diferentes texturas que nós podemos criar pensando em intervalos em vez de escalas.

Tríades de 3 Notas

Na Parte Um, nós usamos as Tríades para formar acordes. Uma tríade é composta por terças, exemplo C – E – G. Entretanto, nós não temos de tocá-las simultaneamente como um acorde. Se tocarmos as notas uma após a outra, criamos muitas possibilidades melódicas ao deixarmos de fora a maioria dos tons da escala. Uma tríade, como você sabe, pode ser formada em cada nota da escala, por exemplo C-E-G, D-F-A, E-G-B etc. ***Quando nós escolhemos Tríades específicas em vez de usar escalas completas, nós podemos escolher os graus da escala que tocamos em nossos solos***. Tendo uma abordagem por Tríades em vez de por escalas, nós não apenas focamos nos tons específicos da escala que queremos ouvir, nós automaticamente introduzimos saltos melódicos em nossa execução e nos afastamos de movimentos previsíveis na escala. As Tríades não precisam ser tocadas em ordem, por exemplo, CEG é a mesma tríade que EGC. Isso nos dá uma miríade de possibilidades de solo.

Arpejos de 4 Notas

De maneira similar às Tríades de três notas, arpejos de quatro notas são Tríades simples com um 3ª extra adicionada, (em outras palavras, um acorde com 7ª). Em vez de tocarmos a tríade C-E-G, nós a estendemos para que se torne um arpejo: C-E-G-B. Mais uma vez, nós não temos que tocar essas notas em ordem, portanto as possibilidades de trocas são imensas. *Há uma possibilidade de arpejo construído em todas as notas de cada escala* e, mais uma vez, nós estamos sendo seletivos quanto aos graus da escala que tocamos.

Escalas Pentatônicas de 5 Notas

A maioria dos músicos veem uma progressão de acordes na tonalidade de A e imediatamente tocam uma ideia na pentatônica de A menor. Na realidade, você pode construir uma escala pentatônica em vários graus de qualquer modo maior, não apenas na tônica.

Há três escalas Pentatônicas menores escondidas dentro de cada modo da escala maior. Saber onde elas estão nos permite usar muitos licks da pentatônica que já conhecemos para dar um rico toque modal. Como você pode imaginar, triplicar os seus licks atuais dessa maneira é extremamente útil.

Eu darei a você todas as possíveis escolhas para cada modo, entretanto, essas múltiplas possibilidades podem se tornar sobrecarregadas bem rapidamente quando você está apenas começando. A maioria dos músicos, mesmo os mais bem sucedidos, normalmente possuem uma gama limitada de abordagens preferidas. Para ajudá-lo a começar, eu vou te dar minhas primeiras escolhas ao final de cada capítulo.

Dórico

O modo Dórico é extremamente comum na maioria das formas do rock, funk, jazz e fusion. Ele tem uma característica "menor, mas nem tanto" que o torna adequado em solos de jazz com uma pegada blues. É comum tocar o modo Dórico sobre acordes estáticos menor 7, menor 9 ou menor 11.

Algumas músicas importantes que usam o modo Dórico são:

So What – Miles Davies

Billy Jean – Michael Jackson

Tender Surrender – Steve Vai (com algumas mudanças de tonalidade para modos relativos)

Fórmula e Harmonização

Como visto anteriormente, a fórmula do modo Dórico é:

1 2 b3 4 5 6 b7

E ele é tocado assim na guitarra: **Exemplo 11a:**

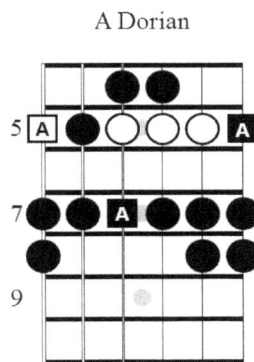

A Dorian

(Os pontos sem preenchimento são o acorde *tônica* menor 7 que você deve visualizar e escutar quando você toca através da escala).

Harmonizado em Tríades e sétimas, o modo Dórico gera os seguintes grupos de acordes:

Tipo de Acorde TRÍADE	Tipo de Acorde SÉTIMA	Exemplo na tonalidade de A Dórico
I menor	i menor 7 (extensões 9, 11, 13)	A Menor 7
ii menor	ii menor 7 (extensões b9, 11, b13)	B menor 7
III maior	III maior 7 (extensões 9, #11, 13)	C Maior 7
IV maior	IV 7 (extensões 9, 11, 13)	D7
V menor	v menor7 (extensões 9, 11, b13)	E Menor 7
vi menor b5	vi menor 7b5 (extensões b9, 11, b13)	F#m7b5
VII maior	VII maior 7 (extensões 9, 11, 13)	G maior 7

Você algumas vezes vê acordes estendidos usados em uma progressão (9ª, 11ª e 13ª). Ao adicionar extensões mais altas, você pode definir um som modal em particular de forma mais precisa.

Por exemplo, o Dórico é o único modo que tem um b3, natural 11 e natural 13. Tocando um acorde menor 13 com uma 11ª incluída, você definiu completamente o som do modo Dórico, *entretanto* essa densidade harmônica é geralmente grandiosa demais para ser palatável para o ouvinte. Frequentemente, os acordes menor 7 serão tocados com o máximo de uma extensão, e as outras extensões da escala estão contidas em diferentes acordes na progressão.

Progressões de Acordes Típicas do Modo Dórico

As seguintes Progressões de acordes delineiam claramente a característica particular do modo Dórico. Para simplificar, elas estão todas na tonalidade de A. Entretanto, eu recomendo que você transponha-as para diferentes tonalidades usando o sistema da Parte Um.

Exemplo 11b:

Exemplo 11c:

Exemplo 11d:

5 Licks Dóricos Úteis

Os cinco licks a seguir usam o modo Dórico em sua primeira posição. Eles estão todos inclusos como exemplos em áudio e a faixa de fundo do modo Dórico foi gentilmente oferecida pelo **Quist**.

Exemplo 11e:

Exemplo 11f:

Exemplo 11g:

Exemplo 11h:

Exemplo 11i:

Abordagens de Solos no Modo Dórico

As páginas seguintes analisam as abordagens que nós usamos para dissecar o Modo Dórico. Cada abordagem (intervalos, Tríades etc.) representam um "nível" de profundidade que nós podemos investigar para criarmos ideias melódicas. Pense em cada abordagem como uma camada diferente de aumento da complexidade melódica. Todas as ideias podem ser livremente combinadas para criar um solo. Tente cada uma das ideias com a faixa de fundo do modo Dórico para sentir a textura de cada conceito melódico.

Intervalos de 2 Notas

Exemplo 12a: A Dórico em 3ª:

Exemplo 12b: A Dórico em 4ª:

Exemplo 12c: A Dórico em 5ª:

Exemplo 12d: A Dórico em 6ª:

Exemplo 12e: A Dórico em 7ª

Tente inverter certos padrões de intervalos. Toque uma 3ª ascendentemente e 3ª uma descendentemente:

Exemplo 12f:

Ou duas 3ª ascendentemente e uma 3ª descendentemente.

Exemplo 12g:

Esse tipo de abordagem de "permutação" pode ser realmente benéfica quando você quer criar novos licks ou linhas e pode ser aplicado em qualquer uma das distâncias de intervalos acima.

Eu sou um grande fã do uso de 4ª e 6ª no modo Dórico.

Tríades de 3 Notas

As Tríades (duas 3ª empilhadas) podem ser criadas a partir de cada um dos graus do modo A Dórico. Ao solar usando apenas uma ou duas Tríades construídas sobre um modo, nós podemos focar em intervalos específicos do modo. Por exemplo, estude o **exemplo 12h**. Se você tocar uma tríade de B menor sobre uma sequência de acordes em A Dórico, você só está tocando as extensões 9, 11 e 13. Isso soará bem diferente de tocar a tríade de E menor sobre o mesmo fundo, já que você estaria focando o 5, b7 e o 9 graus da escala.

Tríades de cada grau são mostradas aqui, em uma oitava (12h) e em duas oitavas (12i): **Exemplo 12h:**

Exemplo 12i:

Talvez seja óbvio que as Tríades criadas a partir de cada tom da escala são da mesma qualidade (tipo) dos acordes criados na página 40. Em breve, você se acostumará a saber qual tipo de tríade é criada em cada grau do modo. Para referência, aqui está a lista de Tríades criadas em cada grau do modo Dórico:

Grau da Escala	Tríades de 3 Notas Construídas no Dórico	Intervalos Contra Tônica
1	I menor	1, b3, 5
2	ii menor	9, 11, 13
b3	bIII maior	b3, 5, b7
4	IV maior	11, 13, 1
5	v menor	5, b7, 9
6	vi menor b5	13, 1, b3
b7	bVII major	b7, 9, 11

No início, pode parecer bem complexo ficar pensando: "OK, eu posso tocar uma tríade menor a partir do 5º grau do Dórico", por isso aprenda primeiro essas abordagens em Tríades só como "shapes" ou padrões contidos dentro do modo. Quando tiver improvisado com cada um deles uma vez, escolha um ou dois sons preferidos e fique com eles. Não se preocupe com o que você não está aprendendo, foque apenas em criar novos padrões e inversões a partir de uma gama limitada de material das tríades.

As Tríades que eu gosto de usar no Dórico são:

Menor b5 a partir do 6º grau (tríade de F# menor b5 sobre A Dórico) (13, 1 e b3)

Maior a partir do b7 (G maior sobre A Dórico) (b7 9 e 11)

Arpejos de 4 Notas

Arpejos (três terças empilhadas), por exemplo A-C-E-G, também podem ser construídos a partir de cada grau de qualquer modo. No Dórico, nós geramos os seguintes arpejos de 4 notas:

Grau da Escala	Arpejos de 4 Notas no Dórico	Intervalos Contra Tônica
1	i menor 7	1, b3, 5, b7
2	ii menor 7	9, 11, 13, 1
b3	bIII maior 7	b3, 5, b7, 9
4	IV 7	11, 13, 1, b3
5	v menor7	5, b7, 9, 11
6	vi menor 7b5	13, 1, b3, 5
b7	bVII maior 7	b7, 9, 11, 13

Esses têm as mesmas qualidades que os acordes discutidos na página 40. Como eles tem uma nota extra além das tríades, podem dar uma qualidade mais rica que as ideias em Tríades no capítulo anterior.

Arpejos de cada grau de A Dórico podem ser tocados da seguinte maneira:

Exemplo 12j:

Novamente, toque essas ideias de arpejos uma de cada vez sobre a faixa de fundo. Anote aqueles que você gostar do som e foque apenas nesses arpejos. Tente tocar as notas do arpejo em ordens diferentes e em sequências diferentes. Em vez de 1357, tente 1537 ou 17135. As possibilidades são infinitas.

Minhas abordagens favoritas para tocar esses arpejos são:

Maior 7 no b3 (C maior 7 sobre A Dórico) (b3 5 b7 9)

Maior 7 no b7 (G maior 7 sobre A Dórico) (b7 9 11 13)

Escalas Pentatônicas de 5 Notas

Um conceito comum, mas normalmente negligenciado quando se sola com modos é sobrepor escalas pêntatonicas menores que você já conhece para realçar certas colorações dos tons do modo. Escondidas dentro de cada modo da escala maior estão três escalas Pentatônicas menores "padrão" diferentes. Veja o exemplo, a seguir:

Exemplo 12k: Pentatônica de A menor sobre A Dórico:

A Dorian
Min Pent on 1

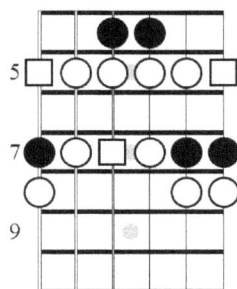

1   b3   11   5   b7   1   b3   11   etc...

O diagrama acima mostra a escala de A Dórico com a escala pentatônica de A menor sobre ela. Os pontos vazios são a escala pentatônica menor e os pontos preenchidos são as notas do Dórico. Se nós tocarmos uma escala pentatônica de A menor sobre um progressão de acordes em A Dórico, nós ressaltamos os tons da escala **1 b3 11 5 b7**. Isso, como você pode imaginar, soa razoavelmente tradicional e "blueseiro".

Embora essa possa ser uma abordagem mais ou menos óbvia, você pode não perceber que existem duas outras escalas Pentatônicas contidas no modo matriz. Você pode tocar uma escala pentatônica a partir da 5ª (E).

Exemplo 12l: Pentatônica Menor na 5ª:

A Dorian
Min Pent on 5

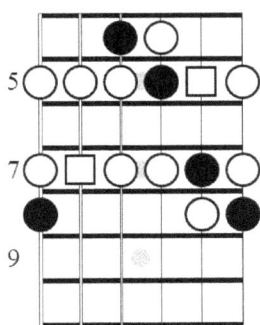

1   9   11   5   b7   1   9   11   etc...

Quando você toca a pentatônica de E menor sobre A Dórico, você toca os intervalos da escala **1, 9, 11, 5, b7**. Esse é um belo som e minha abordagem favorita.

Você também pode tocar uma escala pentatônica a partir da 9ª *(ou 2ª)* do modo Dórico como mostrado no **exemplo 12m.**

Exemplo 12m: Pentatônica Menor na 9ª (2ª)

A Dorian
Min Pent on 9

Essa é um pouco mais difícil de lidar sobre um fundo em A Dórico quando tocada isoladamente, mas se você notar, você agora pode acessar as Pentatônicas menores de A e de B. Qualquer ideia em A menor que você tenha tocado pode agora ser subida um tom e repetida para formar sequências. Essa é uma excelente abordagem para desenvolver linhas mais longas.

Em resumo, quando você usa o modo Dórico, você pode tocar escalas Pentatônicas menores na tônica, 9ª (2ª) e 5ª. Minha favorita separadamente é tocar **a pentatônica menor na 5ª do Dórico**

Resumo de Primeiras Escolhas para Solo no Modo Dórico

Escala Matriz: Dórico

Intervalos 4ª e 6ª

Tríades Menor b5 no 6º grau / Maior no b7

Arpejo Maior 7 no b3 / Maior 7 no b7

Pentatônica: Pentatônica Menor na 5ª

Frígio

O modo frígio é usado com menos frequência na música pop, mas não é incomum encontrá-lo no rock, heavy metal e flamenco. Ele tem um som sombrio embora palatável por causa da incomum b9 em sua construção, dando um sotaque espanhol a escala.

O modo frígio é normalmente usado em solos sobre "power chords" no rock, mas não é normalmente utilizado como uma fonte de Progressões de acordes diatônicos. Como ele tem uma construção similar a do modo Eólico, eles são normalmente usados um no lugar do outro.

Composições que fazem uso do Modo Frígio:

War – Joe Satriani

Wherever I May Roam – Metallica

Fórmula e Harmonização

A fórmula do modo Frígio é:

1 b2 b3 4 5 b6 b7

Ele é tocado assim na guitarra na tonalidade de A:

Exemplo 13a:

Visualize o modo Frígio ao redor do acorde de A menor destacado.

Quando harmonizado, o Frígio gera as seguintes séries de acordes:

Tipo de Acorde TRÍADE	Tipo de Acorde SÉTIMA	Exemplo na tonalidade de A Frígio
i menor	i menor 7 (extensões b9, 11, b13)	A Menor 7
bII maior	bII maior 7 (extensões 9, #11, 13)	Bb maior 7
biii maior	biii 7 (extensões 9, 11, 13)	C7
iv menor	iv menor 7 (extensões 9, 11, b13)	D menor 7
v menor b5	vi menor 7b5 (extensões b9, 11, b13)	E menor 7b5
bVI maior	bVI maior 7 (extensões 9, 11, 13)	F Maior 7
bvii menor	bvii menor 7 (extensões 9, 11, 13)	G Menor 7

Embora, por causa da natureza obscura do Frígio, escrever Progressões de acordes usando apenas acordes diatônicos possa soar um pouco incômodo. Como mencionado anteriormente, na guitarra do rock nós podemos contornar isso usando fundos baseados em riffs e power chords e simplesmente usar o modo Frígio sobre eles ou podemos usar *estruturas superiores [em inglês, upper structure]* (acordes com baixo modificado) para insinuar o complexo modo Frígio através de uma simples linha de baixo.

Progressões de Acordes Típicas do Modo Frígio

Exemplo 13b:

Exemplo 13c:

5 Licks Frígios Úteis

Esses licks estão todos inclusos como exemplos em áudio e a faixa de fundo do modo Frígio foi gentilmente oferecida pelo **Quist**.

Exemplo 13d:

Exemplo 13e:

Exemplo 13f:

Exemplo 13g:

```
T  8  5
A        6
B           7  5  7        7  5
                              6  5
                        8  7  5
                                    7            full
```

Exemplo 13h:

```
T
A              5  7  5
B     7  8           8  7  5  7  8  7  5
                                       8  7  5      (5)
```

Abordagens de Solos no Modo Frígio

As páginas seguintes analisam as abordagens que nós usamos para destrinchar o Modo Frígio. Cada abordagem (intervalos, Tríades etc.) representa um "nível" de profundidade que podemos investigar para criarmos ideias melódicas. Pense em cada abordagem como uma camada diferente de aumento da complexidade melódica. Todas as ideias podem ser livremente combinadas para criar um solo. Tente cada uma delas sobre a faixa de fundo do modo Frígio para sentir a textura de cada conceito melódico.

Intervalos de 2 Notas

Exemplo 13h1:

Phrygian in 3rds

```
T
A                                     5              5  6  5  8  6     5
B  5  8  6     5        7  5  8  7     8     8  7  5     7
            8
```

Exemplo 13i:

Phrygian in 4ths

Exemplo 13j:

Phrygian in 5ths

Exemplo 13k:

Phrygian in 6ths

Exemplo 13l:

Minha primeira escolha para tocar no Frígio é normalmente **3ª e 6ª**, mas, como sempre, gaste tempo praticando as ideias que mais te agradam.

Tríades de 3 Notas

Ao isolarmos as Tríades construídas a partir de cada grau do modo Frígio, nós podemos ser específicos quanto aos intervalos do modo que nós focamos nos solos. As Tríades de cada grau da escala são mostradas abaixo e os intervalos formados contra a tônica (A) estão dados.

Exemplo 13m:

Exemplo 13n:

A minor (1 b3 5)   Bb Major (b9 11 b13)   C Major (b3 5 b7)   D minor (11 b13 1)

E Diminished (5 b7 b9)   F Major (b13 1 b3)   G minor (b7 b9 11)

Para referência, aqui está uma lista dos tipos de acordes em tríade para o Frígio e os intervalos que eles impõe sobre a tônica:

Grau da Escala	Tríades de 3 Notas Construídas no Frígio	Intervalos Contra Tônica
1	i menor	1, b3, 5
b2	bII maior	b9, 11, b13
b3	biii maior	b3, 5, b7
4	iv menor	11, b13, 1
5	v menor b5	5, b7, 9
b6	bVI maior	b13, 1, b3
b7	bvii menor	b7, b9, 11

Como um ponto de partida para seus estudos, minhas Tríades favoritas para solar são:

Menor no b7 (G menor sobre A Frígio) (b7, b9 b3)

Maior no b2 (Bb maior sobre A Frígio) (b9, 11, b13).

Tente criar melodias usando apenas uma ou uma combinação de ambas as tríades.

Arpejos de 4 Notas

Adicionar um outro intervalo de 3ª sobre uma tríade cria um arpejo de 4 notas. Ao construir arpejos em cada grau do modo Frígio e solando *apenas* usando esses arpejos, nós podemos ser seletivos acerca de quais intervalos da escala tocamos. Os arpejos e intervalos formados a partir da tônica do modo Frígio são mostrados nesta tabela.

Grau da Escala	Arpejos de 4 Notas no Frígio	Intervalos Contra Tônica
1	i menor 7	1, b3, 5, b7
b2	bII maior 7	b9, 11, b13, 1
b3	biii 7	b3, 5, b7, b9
4	iv menor 7	11, b13, 1, b3
5	v menor 7b5	5, b7, b9, 11
b6	bVI maior 7	b13, 1, b3, 5
b7	bvii menor 7	b7, b9, 11, b13

Alguns soarão melhores que outros aos ouvidos, portanto coloque a faixa de fundo do Frígio e experimente tocar com cada um dos arpejos. Aqui eles são mostrados em duas oitavas:

Exemplo 13o:

Minhas primeiras escolhas para tocar são:

Arpejo dominante 7 no b3 (C7 sobre A) (b3 5 b7 b9).

Arpejo menor no b7 (G menor 7 sobre A) (b7 b9 11 b13).

Escalas Pentatônicas de 5 Notas

As três escalas Pentatônicas menores que nós podemos derivar do modo Frígio são na tônica, b7 e 11(4).

Os exemplos a seguir mostram como as escalas Pentatônicas se "encaixam" dentro do formato Frígio:

Exemplo 13p: Pentatônica menor na tônica:

A Phrygian
Min Pent on 1

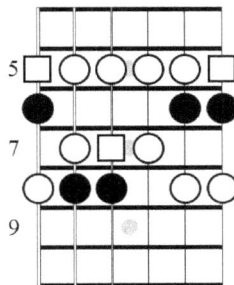

Minor Pentatonic from the root (A minor Pentatonic over A)

Intervalos tocados contra a tônica do Frígio: **1, b3, 11, 5, b7.**

Exemplo 13q: Pentatônica Menor na b7:

A Phrygian
Min Pent on b7

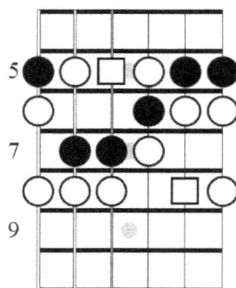

Minor Pentatonic from the b7 (G minor Pentatonic over A)

Intervalos tocados contra a tônica: **b3, 11, 5, b7, b9.**

Exemplo 13r: Pentatônica Menor na 11:

A Phrygian
Min Pent on 11

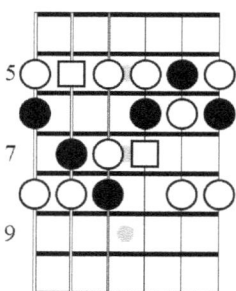

Minor Pentatonic from the 11 (D minor Pentatonic over A)

Intervalos tocados contra a tônica: **1, b3, 11, b13, b7.** Eu normalmente uso as escalas Pentatônicas menores tocadas a partir do b7 e 11.

Resumo de Primeiras Escolhas para Solo no Modo Dórico

Escala Matriz: Frígio.

Intervalos 3ª e 6ª.

Tríades Menor na b7 / Maior na b2.

Arpejo Maior 7 no b3 / Maior 7 no b7

Pentatônica: Pentatônica Menor na b7 e 11

Lídio

Na minha opinião, o Lídio é uma das tonalidades mais bonitas e emotivas. Ele tem apenas uma nota que é diferente da escala maior, mas essa pequena alteração muda completamente sua característica. O Lídio é usado extensivamente nas baladas de rock na guitarra, por músicos como Steve Vai e Joe Satriani.

Músicas construídas sobre o modo Lídio:

Flying in a Blue Dream – Joe Satriani

How I Miss You – Foo Fighters

A introdução de **Hole Hearted** – Extreme

Answers – Steve Vai

Shut up 'n Play Yer Guitar – Frank Zappa

Fórmula e Harmonização

A fórmula do modo Lídio é:

1 2 3 #4 5 6 7 (Apenas uma nota diferente da escala maior).

Ele é tocado:

Exemplo 14a:

A Lydian

A Lydian

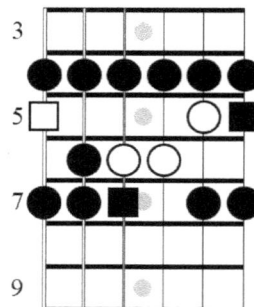

Aprenda a ver e ouvir todas as notas nesse modo em torno do acorde destacado de A maior 7.

Quando harmonizado, o Lídio gera as seguintes sequências de acordes:

Tipo de Acorde TRÍADE	Tipo de Acorde SÉTIMA	Exemplo na tonalidade de A Lídio
I maior	I maior 7 (extensões 9, #11, 13)	A maior 7 (#11)
II maior	II 7 (extensões 9, 11, 13)	B7
iii menor	iii menor 7 (extensões 9, 11, b13)	C# menor 7
#iv menor b5	#vi menor 7b5 (extensões b9, 11, b13)	D# menor 7b5
V maior	V maior 7 (extensões 9, 11, 13)	E maior 7
vi menor	vi menor 7 (extensões 9, 11, 13)	F# menor 7
vii menor	vii menor 7 (extensões b9, 11, b13)	G# Menor 7

Progressões de Acordes Típicas do Modo Lídio

Ao formar Progressões de acordes para realçar as características do modo Lídio, algumas técnicas são usadas. Normalmente, no rock, ele é tocado sobre um trecho estático e algumas vezes o acorde tônica Maior 7#11 é sustentado:

Exemplo 14b:

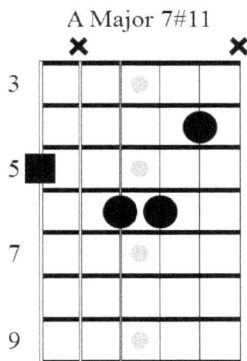

A Major 7#11

Esse acorde realça precisamente a harmonia cheia do Lídio. Vale a pena notar que esse formato de acorde *não* tem a 5ª, já que o choque de semitons entre ela e a #11/#4 é indesejável.

Outra abordagem é usar Tríades de estruturas superiores sobre uma nota de baixo. Perceba que os acordes I e II são ambos maiores. Nós podemos usar esses dois acordes juntos sobre a tônica grave do baixo para criar uma harmonia rica e envolvente. Por exemplo:

Exemplo 14c:

Essa é a abordagem que Joe Sartiani usa em Flying in a Blue Dream; ele simplesmente faz os arpejos da mesma sequência de acodes, mas na tonalidade de C Lídio.

Por causa da natureza aberta e "espacial" natural do modo Lídio, ele é normalmente tocado sobre acordes suspensos. Por exemplo:

Exemplo 14d:

5 Licks Eólicos Úteis

Eles estão todos em áudio e a faixa de fundo do modo Dórico foi gentilmente oferecida pelo **Quist**.

Exemplo 14e:

Exemplo 14f:

Exemplo 14g:

Exemplo 14h:

Exemplo 14i:

Abordagens de Solos no Modo Lídio

As páginas a seguir mais uma vez discutem as várias "camadas" do modo Lídio, de intervalos de duas notas até escalas Pentatônicas de cinco notas. Qualquer ideia na seção seguinte pode ser usada como uma abordagem isolada ou em combinação com qualquer outro conceito.

Intervalos de 2 Notas

Exemplo 14j:

Exemplo 14k:

Exemplo 14l:

Exemplo 14m:

Exemplo 14n:

Para começar, eu aconselho você a estudar **3ª e 5ª**. Não esqueça de tentar criar padrões de grupos de intervalos. Uma ideia comum é ascender dois intervalos e descer a terça. Além disso, cada par de intervalos pode ser tocado de trás para frente.

Tríades de 3 Notas

Como discutido, nós podemos isolar as Tríades individuais que são construídas em cada grau do modo Lídio. Ao solar com Tríades específicas, nós podemos focar ou isolar tons específicos da escala e evitar outros. As Tríades construídas a partir do modo Lídio são:

Grau da Escala	Tríades de 3 Notas Construídas no Lídio	Intervalos Contra Tônica
1	I maior	1, 3, 5
2	II maior	9, #11, 13
3	iii menor	3, 5, 7
#4	#iv menor b5	#11, 13, 1
5	V maior	5, 7, 9
6	vi menor	13, 1, 3
7	vii menor	7, 9, 11

Como formatos de uma oitava na *primeira posição,* eles são tocados:

Exemplo 14o:

Esses podem ser tocados em 2 oitavas da seguinte maneira. (A nota mais grave em cada formato nem sempre é a tônica).

Exemplo 14p:

Minhas abordagens favoritas para tocar são:

Tríade Menor na 7 (C# menor 7 sobre A Lídio) (3, 9, 7, 11).

Tríade Menor na 3 (C# menor 3 sobre A Lídio) (3, 5, 7, 11).

Arpejos de 4 Notas

Quando estendemos a tríade para virar um arpejo de 4 notas, temos outro nível de textura e seleção de intervalos que podemos usar sobre o centro tonal. Ao usar arpejos de 4 notas, podemos ser bem seletivos nas notas de um modo escolhemos para tocar. Os arpejos construídos a partir do modo Lídio são:

Grau da Escala	Arpejos de 4 Notas no Lídio	Intervalos Contra Tônica
1	I maior 7	1, 3, 5, 7
2	II7	9, #11, 13, 1
3	iii menor 7	3, 5, 7, 9
#4	#iv menor b5	#11, 13, 1, 3
5	V maior 7	5, 7, 9, #11
6	vi menor 7	13, 1, 3, 5
7	vii menor 7	7, 9, #11, 13

Esses podem ser tocados em 2 oitavas da seguinte maneira. A nota mais grave em cada formato nem sempre é a tônica. **Exemplo 14q:**

Duas boas escolhas são

Menor 7b5 na #11. (D#m7b5 sobre A Lídio) (#11, 13, 1, 3).

Menor 7 na 3 (C# menor 7 sobre A Lídio) (3, 5, 7, 9).

Escalas Pentatônicas de 5 Notas

É extremamente comum sobrepor escalas pentatônica menores sobre o modo Lídio. Elas podem ser construídas sobre a 3ª, 7ª e a 13ª. Para realmente realçar a #11 do Lídio, use a escala pentatônica menor construída sobre o 7º grau do modo. As opções são

Exemplo 14r: Pentatônica Menor na 3:

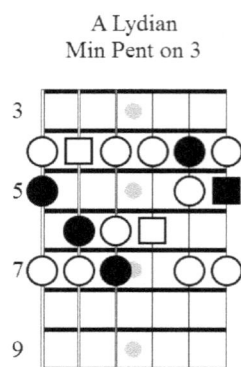

A Lydian
Min Pent on 3

G# minor Pentatonic over A Lydian

Intervalos tocados contra a tônica do Lídio: **3, 5, 13, 7, 9.**

Exemplo 14s: Pentatônica Menor na 7:

A Lydian
Min Pent on 7

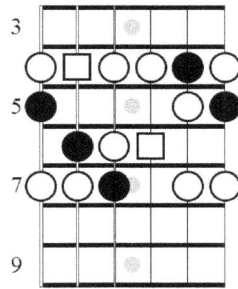

C# minor Pentatonic over A Lydian

Intervalos tocados contra a tônica do Lídio: **3, 7, 9, #11, 13.**

Exemplo 14t: Pentatônica Menor na 13/6:

A Lydian
Min Pent on 6

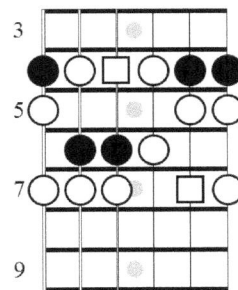

F# minor Pentatonic over A Lydian

Intervalos tocados contra a tônica do Lídio: **1, 3, 5, 9, 13.**

Minha primeira escolha para tocar a pentatônica menor na 7 (pentatônica de G# menor sobre A Lídio) (7, 9, 3, #11, 13).

Resumo de Primeiras Escolhas para Solo no Modo Lídio

Escala: Matriz: Lídio

Intervalos: 3ª e 5ª

Tríades: Tríade menor na 7 / Tríade menor na 3

Arpejo: Menor 7b5 na #11 / Menor 7 na 3

Pentatônica: Pentatônica Menor na 7:

MixoLídio

O mixoLídio é construído no 5º grau da escala maior e é um dos modos mais frequentemente usados na guitarra moderna. Ele é usado para construir sequências de acordes e solos em diversos estilos. O modo MixoLídio, assim como o Lídio, tem apenas uma nota que é diferente da escala maior, mas essa pequena diferença cria uma sensação bastante peculiar. O modo MixoLídio está nas raízes do blues, rock e funk modernos.

Ele pode ser ouvido em uma grande variedade de músicas populares:

Sweet Child of Mine – Guns and Roses

Sweet Home Alabama – Lynyrd Skynyrd

Ramblin' Man – The Allman Brothers Band

Summer Song – Joe Satriani

Freeway Jam – Jeff Beck

Fórmula e Harmonização

A fórmula do modo Lídio é:

1 2 3 4 5 6 b7

Ele é tocado assim na tonalidade de A:

Exemplo 15a:

A Mixolydian

Você deve ver o modo MixoLídio em volta do acorde Dominante 7 destacado por pontos sem preenchimento.

O modo mixoLídio é harmonizado para gerar as seguintes sequências de acordes.

Tipo de Acorde TRÍADE	Tipo de Acorde SÉTIMA	Exemplo na tonalidade de A MixoLídio
I maior	I7 (extensões 9, 11, 13)	A7
ii menor	ii menor 7 (extensões 9, 11, b13)	B menor 7
iii menor b5	iii menor 7b5 (extensions b9, 11, b13)	C# menor 7b5
IV maior	VI maior 7 (extensões 9, 11, 13)	D maior 7
v menor	V menor 7 (extensions 9, 11, 13)	E Menor 7
vi menor	vi menor 7 (extensões b9, 11, b13)	F# menor 7
bVII major	bVII maior (extensions 9, #11, 13)	G maior 7

Uma das coisas mais importantes para se saber sobre o modo MixoLídio é que a tônica (Acorde I) forma um acorde Dominante 7 (7) quando é harmonizada com quatro notas. Na musical clássica tradicional, isso é *sempre* visto como um ponto de tensão que precisaria ser resolvido, entretanto nos últimos 100 anos, o acorde dominante tem sido aceito como um acorde que pode ficar estático indefinidamente. Por exemplo, os primeiros quatro compassos de um blues podem geralmente serem tocados como um acorde dominante 7, antes de seguir para o acorde IV que também é tocado como um acorde "7". Frequentemente, o acorde V é tocado como um acorde "7" também. Essa ideia pode ser vista na seção seguinte.

Uma forma rápida de identificar um riff MixoLídio é ver se ele toca um acorde bVII maior em algum ponto. Se o riff soa maior e tem um acorde bVII, ele é geralmente MixoLídio.

Progressões de Acordes Típicas do Modo MixoLídio

Exemplo 15:

Exemplo 15c:

5 Licks MixoLídios Úteis

O MixoLídio é normalmente combinado com a pentatônica menor e escalas de blues para dar um caráter maior um pouco mais alegre em solos de blues. Isso é refletido em muitos dos licks nessa seção. Eles estão inclusos como exemplos em áudio e a faixas de fundo foram gentilmente cedidas pelo **Quist**.

Exemplo 15d:

Exemplo 15e:

Exemplo 15f:

Exemplo 15g:

Exemplo 15h:

Abordagens de Solos no Modo MixoLídio

As páginas seguintes analisam as abordagens que usamos para dissecar o Modo MixoLídio. Cada abordagem (intervalos, Tríades etc.) representam um "nível" de profundidade que nós podemos investigar para criarmos ideias melódicas.

Pense em cada abordagem como uma camada diferente de aumento da complexidade melódica. Todas as ideias podem ser livremente combinadas para criar um solo. Tente cada uma das ideias sobre uma faixa de fundo lenta do modo MixoLídio para sentir a textura de cada conceito melódico.

Intervalos de 2 Notas

Você deve estar confortável com todas essas abordagens de intervalos para tocar o MixoLídio

Exemplo 15i:

A Mixolydian in 3rds

Exemplo 15j:

A Mixolydian in 4ths

Exemplo 15k:

A Mixolydian in 5ths

Exemplo 15l:

A Mixolydian in 6ths

Exemplo 15m:

A Mixolydian in 7ths

Tríades de 3 Notas

Mais uma vez, nós podemos tomar a abordagem de isolar Tríades específicas que são formadas em cada grau do modo MixoLídio. As Tríades formadas a partir de cada tom da escala são:

Grau da Escala	Tríades de 3 Notas Construídas no MixoLídio	Intervalos Contra Tônica
1	I maior	1, 3, 5
2	ii menor	9, 11, 13
3	iii menor b5	3, 5, b7
4	IV maior	11, 13, 1
5	v menor	5, b7, 9
6	vi menor	13, 1, 3
b7	bVII major	b7, 9, 11

Esses são tocados da seguinte maneira em uma e duas oitavas:

Exemplo 15n:

Exemplo 15o:

Tocar uma tríade menor no 5º grau do modo MixoLídio tem uma sonoridade excelente. (E menor sobre A MixoLídio) (5, b7 9).

Arpejos de 4 Notas

Construir um arpejo de 4 notas a partir de cada grau do MixoLídio gera as seguintes opções de solo:

Grau da Escala	Arpejos de 4 Notas no MixoLídio	Intervalos Contra Tônica
1	I7	1, 3, 5, b7
2	ii menor 7	9, 11, 13, 1
3	iii menor 7b	3, 5, b7, 9
4	IV maior 7	11, 13, 1, 3
5	v menor 7	5, b7, 9, 11
6	vi menor 7	13, 1, 3, 5
b7	bVII maior	b7, 9, 11, 13

Exemplo 15p:

Abordagens usuais incluem tocar um arpejo menor 7b5 a partir do 3º. (C# menor sobre A MixoLídio) (3, 5, b7, 9).

Também tocar um arpejo menor 7 a partir do 5º (E menor 7 sobre A mixoLídio) (5, b7, 9, 11).

Escalas Pentatônicas de 5 Notas

As escalas Pentatônicas menores são normalmente combinadas com o modo MixoLídio para criar uma sensação roqueira e blueseira. Apesar do modo MixoLídio ser um tipo de modo *maior* (ele tem uma 3ª maior), a escala pentatônica mais comum para ser combinada com ele é construída a partir da *tônica* e teria uma terça *menor*. Por exemplo, você normalmente usaria uma escala pentatônica de A menor em conjunto com o modo MixoLídio. Uma boa parte do vocabulário do blues está em torcer a 3ª menor na pentatônica em direção a 3ª maior no MixoLídio.

Muitos licks do rock começam como linhas de pentatônica menor e então "emprestam" notas do MixoLídio para dar uma sensação um pouco mais feliz.

Examine a linha a seguir:

Exemplo 15q:

Essa linha começa claramente como um lick em A menor, mas empresta algumas notas do A MixoLídio nos tempos dois e três. Joe Satriani, Stevie Ray Vaughan e Jimi Hendrix são grandes músicos para se ouvir essa ideia.

Embora a escala pentatônica menor a partir da tônica não seja derivada "organicamente" do modo MixoLídio, ela é provavelmente a mais usada normalmente durante solos no contexto do blues e rock.

As escalas Pentatônicas menores que existem naturalmente no modo MixoLídio são construídas na 5ª, 6ª (13ª) e 2ª (9ª).

Exemplo 15r: Pentatônica Menor na 5:

A Mixolydian
Min Pent on 5

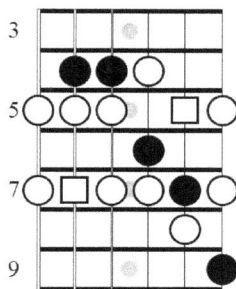

E minor Pentatonic over A Mixolydian

Intervalos tocados contra a tônica do MixoLídio: **1, 5 b7, 9, 11.**

Exemplo 15s: Pentatônica Menor na 6/13:

A Mixolydian
Min Pent on 6

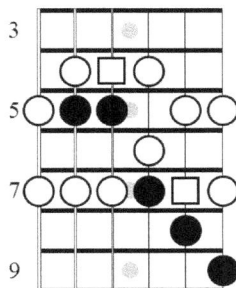

F# minor Pentatonic over A Mixolydian

Intervalos tocados contra a tônica do MixoLídio: **1, 3, 5, 9, 13.**

Exemplo 15t: Pentatônica Menor na 9:

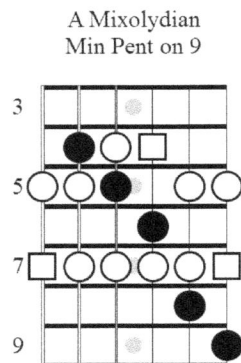

A Mixolydian
Min Pent on 9

B minor Pentatonic over A Mixolydian

Intervalos tocados contra a tônica do MixoLídio: **1, 5, 9, 11, 13.**

Vale a pena saber que se nós incluirmos a escala pentatônica menor a partir da tônica (pentatônica A menor), o *modo MixoLídio tem 2 pares de escalas Pentatônicas menores, ambas separadas por um tom.*

Nós temos: Pentatônicas de A menor e B menor. (Pentatônica Menor na tônica e 9)

E Pentatônicas de E menor e F# menor. (Pentatônica Menor na 5 e 6)

Em outras palavras, você pode mudar qualquer ideia ou lick da pentatônica de E menor em um tom para o F#, ou vice-versa, e o mesmo com uma ideia na pentatônica de A menor.

Resumo de Primeiras Escolhas para Solo no Modo MixoLídio

Escala Matriz: MixoLídio.

Intervalos: 3ª e 6ª.

Tríade: Tríade Menor na 5:

Arpejo: Menor 7b5 na 3 / Menor 7 na 5.

Pentatônica: Pentatônica menor na 5 / Pentatônica menor na 1.

Eólico

O modo Eólico é formado construindo-se uma escala a partir do 6º grau da escala maior. Ela é idêntica ao *natural* ou *relativo* menor da escala. É um som obscuro e soturno e é frequentemente usado nos solos de guitarra do rock e metal. Algumas composições notáveis que usam o modo Eólico:

Still Got the Blues – Gary Moore

Europa – Carlos Santana

All Along the Watchtower – Bob Dylan

Losing my Religion – R.E.M.

Fear of the Dark – Iron Maiden

Fórmula e Harmonização

A fórmula do modo Eólico é:

1 2 b3 4 5 b6 7

Ele é tocado assim na tonalidade de A:

Exemplo 16a:

A Aeolian

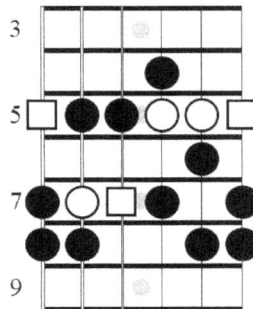

É útil visualizar essa escala ao redor da tônica menor do acorde realçado por pontos sem preenchimento.

O modo Eólico, quando harmonizado, forma as seguintes sequências de acordes:

Tipo de Acorde TRÍADE	Tipo de Acorde SÉTIMA	Exemplo na tonalidade de A Eólico
i menor	i menor 7 (extensões 9, 11, b13)	A Menor 7
ii menor b5	iii menor 7b5 (extensões b9, 11, b13)	B menor 7b5
bIII maior	III maior 7 (extensões 9, 11, 13)	C Maior 7
iv menor	iv menor 7 (extensões 9, 11, 13)	D menor 7
v menor	v menor 7 (extensões b9, 11, b13)	E Menor 7
bVI maior	bVI maior7 (extensões 9, #11, 13)	F Maior 7
bVII major	bVII 7 (extensões 9, 11, 13)	G7

Perceba que os acordes importantes e definidores da tonalidade i, iv e v são todos menores. Isso empresta uma qualidade obscura ao modo.

Uma progressão de acordes que inclua uma mudança para o acorde bVI (maior) é tipicamente Eólica.

Normalmente, o acorde bVII será tocado como uma tríade maior simples e não como um dominante 7, porque a tensão extra empurra a progressão de acordes fortemente em direção a tonalidade relativa maior, (nesse caso C maior).

Progressões de Acordes Típicas do Modo Eólico

Exemplo 16b:

Exemplo 16c:

Exemplo 16d:

5 Licks Eólicos Úteis

Estão inclusos como exemplos em áudio e a faixa de fundo do modo Eólico foi cedida pelo **Quist**.

Exemplo 16e:

Exemplo 16f:

Exemplo 16g:

Exemplo 16h:

Exemplo 16i:

Abordagens de Solos no Modo Eólico

A seção a seguir analisa o modo Eólico em várias abordagens de solos. Desde solos usando intervalos de 2 notas até as 5 escalas Pentatônicas menores que existem em vários graus da escala. Ao estudar essas ideias, você irá alimentar sua própria fluência em improvisos enquanto consolida importantes conceitos teóricos.

Intervalos de 2 Notas

Exemplo 16j:

Exemplo 16k:

Exemplo 16l:

A Eólico nas 5ª.

Exemplo 16m:

Exemplo 16n:

Embora todas essas opções de intervalos soe bem, eu costumo tocar diversas ideias baseadas nas **3ª e 4ª**.

Tríades de 3 Notas

Quando formamos Tríades em cada grau do modo Eólico, surgem as oportunidades de solos a seguir:

Grau da Escala	Tríades de 3 Notas Construídas no Eólico	Intervalos Contra Tônica
1	i menor	1, b3, 5
2	ii menor b5	9, 11, b13
b3	bIII maior	b3, 5, b7
4	iv menor	11, b13, 1
5	v menor	5, b7, 9
b6	bVI maior	b13, 1, b3
b7	bVII major	b7, 9, 11

Cada tríade individualmente, quando tocada separadamente leva a um grupo diferente de extensões ao redor do centro tonal. Padrões de uma e duas oitavas são mostrados nos exemplos a seguir juntamente com as extensões que eles formam contra a tônica.

Exemplo 16o:

Exemplo 16p:

Há diversas boas opções aqui, mas eu sugeriria que você comece tocando uma **tríade maior no b6, (F Maior sobre A) (1, b3, b13).**

Arpejos de 4 Notas

Os arpejos derivados de cada tom da escala são os seguintes:

Grau da Escala	Arpejos de 4 Notas Construídas no Eólico	Intervalos Contra Tônica
1	i menor 7	1, b3, 5, b7
2	ii menor 7b5	9, 11, b13, 1
b3	III maior 7	b3, 5, b7, 9
4	iv menor 7	11, b13, 1, b3
5	v menor 7	5, b7, 9, 11
b6	bVI maior7	b13, 1, b3, 5
b7	bVII maior 7	b7, 9, 11, b13

Exemplo 16q:

Dois excelentes arpejos que você pode usar para realçar a tonalidade Eólica são

Arpejo maior 7 no b3 (C maior 7 sobre A Dórico) (b3 5 b7 9)

Arpejo menor 7 na 4/11 (D menor 7 sobre A) (1, b3, 11, b13).

Escalas Pentatônicas de 5 Notas

Escalas Pentatônicas menores podem ser formadas na tônica, 4/11 e 5 do modo Eólico e são mostrados aqui.

Exemplo 16r: Pentatônica Menor na 1:

A Aeolian
Min Pent on 1

A minor Pentatonic over A Aeolian

Intervalos tocados contra a tônica do Eólico: **1, b3, 4, 5, b7.**

Exemplo 16s: Pentatônica Menor na 11/4:

A Aeolian
Min Pent on 11

D minor Pentatonic over A Aeolian

Intervalos tocados contra a tônica do Eólico: **1, b3, b7, 11, b13.**

Exemplo 16t: Pentatônica Menor na 5:

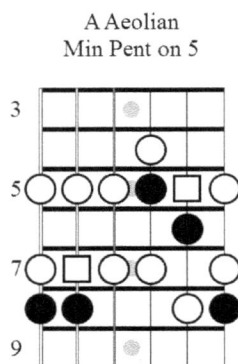

A Aeolian
Min Pent on 5

E minor Pentatonic over A Aeolian

Intervalos tocados contra a tônica do Eólico: **1, 5, b7, 9, 11.**

Tocar escalas Pentatônicas menores a partir da 4ª e 5ª são boas opções.

Resumo de Primeiras Escolhas para Solo no Modo Dórico

Escala Matriz: Eólico.

Intervalos: 3ª e 4ª.

Tríade: Tríade maior no b6

Arpejo: Arpejo Maior 7ª na b3 / Arpejo Menor com 7 na 4ª.

Pentatônica: (Pentatônica Menor na 4 e 5)

Lócrio

O modo Lócrio é raramente utilizado (entenda-se "nunca") na música pop e rock, embora no jazz[1] seja relativamente comum. No jazz, ele é quase exclusivamente tocado sobre acordes 7b5. Como o acorde tônica (i) no Lócrio se harmoniza para tornar um acorde 7b5 menor, o modo pode soar extremamente obscuro e instável. O Lócrio puro como uma tonalidade central para solar é também razoavelmente incomum. Você pode ouvi-lo ocasionalmente, mas ele está geralmente subentendido pela combinação de uma escala Frígia com uma "blue note" b5.

Fórmula e Harmonização

A fórmula do modo Lócrio é:

1 b2 b3 4 b5 b6 b7

(Todas as notas exceto pelo IV são bemóis)

Ele é tocado assim na tonalidade de A:

Exemplo 17a:

O acorde realçado é um A menor 7b5 (Am7b5).

---

[1] Se você tiver alguma sugestão de música de rock ou solo que use exclusivamente o modo Lócrio, por favor, escreva para mim e me conte.

Quando harmonizado, o modo Lócrio gera as seguintes sequências de acordes:

Tipo de Acorde TRÍADE	Tipo de Acorde SÉTIMA	Exemplo na tonalidade de A Lócrio
i menor b5	i menor 7b5 (extensões b9, 11, b13)	A menor 7b5
bII maior	bII maior 7 (extensões 9, 11, 13)	Bb maior 7
biii menor	biii menor 7 (extensões 9, 11, 13)	C menor 7
iv menor	iv menor 7 (extensões b9, 11, b13)	D menor 7
bV maior	bV maior7 (extensões 9, #11, 13)	Eb maior 7
bVI maior	bVII 7 (extensões 9, 11, 13)	F7
bvii menor	bvii menor 7 (extensões 9, 11, b13)	G Menor 7

O Lócrio *não* tem um 5º grau natural. O movimento de V para I é normalmente muito importante na música para estabelecer um centro tonal, portanto o simples fato de não estar presente no modo Lócrio, ajuda-nos a entender porque esse modo é tão instável.

Progressões de Acordes Típicas do Modo Lócrio

Por causa de sua raridade, não há tal coisa como uma progressão de acordes *típica* do modo Lócrio, entretanto se eu tivesse que escrever uma, eu certamente seguiria uma abordagem usando *estruturas superiores* sobre uma nota de baixo (acordes com baixo) para insinuar a modalidade da forma mais aceitável possível. Em sua forma mais simples, essa abordagem envolve o uso de Tríades maiores e menores ou acordes com 7ª a partir da escala harmonizada e tocá-los sobre uma nota de baixo estática (normalmente a *tônica* da tonalidade).

Exemplo 17b:

Exemplo 17c:

Para uma pegada mais "metal", você pode usar power chords, mas perceba que o acorde I é tocado com um b5 em vez de um natural 5 para resultar em um som Lócrio mais "puro".

Exemplo 17d:

5 Licks Lócrios Úteis

Esses licks estão como exemplos em áudio e a faixa de fundo do modo Lócrio foi gentilmente oferecida pelo **Quist**.

Exemplo 17e:

Exemplo 17f:

Exemplo 17g:

Exemplo 17h:

Exemplo 17i:

Abordagens de Solos no Modo Lócrio

Mais uma vez, ao extrair intervalos individuais, tríades, arpejos e escalas Pentatônicas do modo Lócrio, nós podemos focar graus específicos da escala e realmente realçar o som Lócrio.

Intervalos de 2 Notas

Exemplo 17j:

Exemplo 17k:

A Locrian in 4ths

Exemplo 17l:

A Locrian in 5ths

Exemplo 17m:

A Locrian in 6ths

Exemplo 17n:

A Locrian in 7ths

Por causa de sua natureza obscura, não há opções ruins aqui. Use seus ouvidos e experimente. Eu tendo a ficar com 3ª e 4ª.

Tríades de 3 Notas

Quando você harmoniza cada nota do modo Lócrio ao nível de tríades, você cria as seguintes sequências de permutações:

Grau da Escala	Tríades de 3 Notas Construídas no Lócrio	Intervalos Contra Tônica
1	i menor b5	1, b3, b5
b2	bII maior	b9, 11, b13
b3	biii menor	b3, b5, b7
4	iv menor	11, b13, 1
b5	bV maior	b5, b7, b9
b6	bVI maior	b13, 1, b3
b7	bvii menor	b7, b9, 11

Eles são mostrados aqui com os graus da escala Lócria aos quais eles dão acesso.

Exemplo 17o:

A diminished (1 b3 b5)   Bb Major (b9 11 b13)   C minor (b3 b5 b7)   D minor (11 b13 1)

Eb Major (b5 b7 b9)   F major (b13 1 b3)   G minor (b7 b9 11)

Exemplo 17p:

A diminished (1 b3 b5)   Bb Major (b9 11 b13)   C minor (b3 b5 b7)   D minor (11 b13 1)

Eb Major (b5 b7 b9)   F major (b13 1 b3)   G minor (b7 b9 11)

Como qualquer sequência de acordes Lócria vai soar bastante obscura de qualquer forma, você pode escolher deixar a harmonia fazer parte do trabalho por você e ficar com os tons guias relativamente "seguros". Tocar uma tríade menor a partir do b3 (C menor sobre A) daria a você um grupo razoável de tons guias (b3, b5, b7, mas algumas boas escolhas para enfatizar a obscuridade do modo seriam

Tríade maior no b5 (Eb maior sobre A) (b5, b7, b9).

Tríade menor no b7 (G menor 7 sobre A) (b7 b9, 11).

Arpejos de 4 Notas

Estendendo as Tríades construídas em cada grau da escala para arpejos de 4 notas gera as seguintes possibilidades de solo a seguir:

Grau da Escala	Arpejos de 4 Notas Construídas no Lócrio	Intervalos Contra Tônica
1	i menor 7b5	b3, b5, b7
b2	bII maior 7	b9, 11, b13, 1
b3	biii menor 7	b3, b5, b7, b9
4	iv menor 7	11, b13, 1, b3
b5	bV maior	b5, b7, b9, 11
b6	bVI 7	b13, 1, b3, b5
b7	bvii menor 7	b7, b9, 11, b13

Sobre duas oitavas, eles podem ser tocados da seguinte maneira: **Exemplo 17q:**

Mais uma vez, com o Lócrio, você pode escolher o certo e ficar com um arpejo que seja composto principalmente de tons guias da tonalidade. Por exemplo, tocar um **arpejo menor 7 a partir do b3 (C menor 7 sobre A)** dá a você três tons guia, o b3, b5, b7 e um dos graus da escala tipicamente "Lócrio", o b9. Se você quiser realçar as extensões obscuras, você pode curtir o som de um **arpejo menor 7 no b7 (G menor 7 sobre A) (b7, b9, 11, b13).**

Escalas Pentatônicas de 5 Notas

Escalas Pentatônicas menores podem ser construídas no b3, b7 e 11 do modo Lócrio. Eles são normalmente minha primeira opção pra solar no Lócrio, já que me ajudam a criar ideias melódicas fortes sobre uma harmonia inquieta.

Escalas Pentatônicas menores pegam cinco notas de qualquer modo, portanto, quase por definição, você terá um som Lócrio mais "verdadeiro" no seu modo de tocar.

Tocar a pentatônica menor no b3 realça os graus da escala **b3, b5, b7, b9, b13**. Eu acho essa uma boa escolha porque fica firme junto ao arpejo da tônica m7b5 e adiciona apenas dois outros tons da escala Lócria. Nesse caso, nós estamos tocando a pentatônica de C menor sobre A.

Ela pode ser tocada da forma a seguir, entretanto você pode querer tocar outro formato da pentatônica de C menor que você se sinta confortável para continuar musical enquanto tenta essas ideias.

Exemplo 17r: Pentatônica Menor na b3:

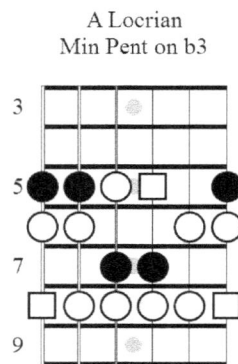

Tocar a pentatônica menor no b7 foca nos graus da escala b5, b7, b9 e b11. Isso também funciona bem.

Exemplo 17s: Pentatônica Menor na b7:

A Locrian
Min Pent on b7

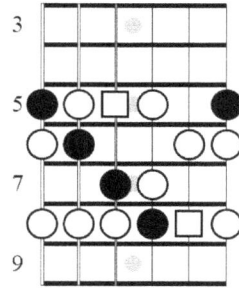

G minor Pentatonic over A Locrian

Finalmente, a escala pentatônica menor no 11/4 foca nos intervalos **1, b3, b7, 11, b13.**

Exemplo 17t: Pentatônica Menor na 11/4:

A Locrian
Min Pent on 11

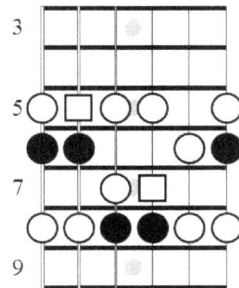

D minor Pentatonic over A Locrian

Resumo de Primeiras Escolhas para Solo no Modo Lócrio

É difícil oferecer primeiras escolhas para o modo Lócrio. A harmonia é tão inquietante que meu melhor conselho é tentar tudo e se você gostar, ficar firme na ideia. Para manter a integralidade, minhas primeiras escolhas são

Escala Matriz: Lócrio

Intervalos: 3ª e 4ª.

Tríade: Tríade maior no b5 / tríade menor no b7

Arpejo: arpejo menor 7 no b7.

Pentatônica: Pentatônica Menor na b3 e b7.

Conclusões e Dicas Práticas

Há uma grande quantidade de informação conceitual nesse livro que eu tentei tornar prática com exemplos específicos e licks. Entretanto, a única forma de começar a internalizar essas informações é tocando.

Comece devagar, escolhendo apenas um modo que você gostaria de experimentar. Eu recomendaria o Dórico ou MixoLídio se você estiver começando nesse assunto. Aprenda os licks no livro e improvise sobre as faixas de fundo antes de lidar com qualquer uma das abordagens teóricas.

Quando você estiver se sentindo confortável e criando melodias com a escala sobre a faixa de fundo, tente experimentar as primeiras escolhas em padrões de intervalo que eu sugeri. Fique como esses intervalos por algumas semanas e depois siga para as ideias com pentatônicas, finalmente isole as abordagens com tríade e arpejos.

O importante é ouvir os diferentes sons que cada abordagem conceitual gerará. Você ficará surpreso como as texturas dos seus solos mudarão com cada abordagem diferente. Mesmo em alguns dos modos "comuns" como o Dórico, uma abordagem ampla em intervalos chama a atenção dos ouvidos e soará bem diferente de uma abordagem com pentatônicas, por exemplo.

Você pode ter abordagens favoritas que sejam diferentes das minhas. Isso é excelente e nos diferencia de outros músicos.

Um ideia prática benéfica é pegar um conceito, por exemplo, tocar o arpejo diatônico a partir da 3ª de uma escala e literalmente *escrever* dez licks apenas com essa ideia. Como você pode combinar a abordagem com arpejos com outras notas da escala para criar uma linha musical coesa? Quando você tiver feito isso, tente isolar dois arpejos sobre a faixa de fundo e tente mover-se entre eles musicalmente. As possibilidades são infinitas, mas continue focado em uma pequena ideia por vez.

É importante experimentar com o ritmo também. Há milhares de maneiras diferentes de abordar apenas três notas. Mais uma vez, pegue um conceito e tente tocá-lo em diferentes ritmos e em diferentes posições na guitarra. Você achará algo único para seu próprio estilo.

O importante é não tentar abraçar o mundo inteiro nos seus estudos e pensar que você tem de fazer *tudo* em *todos* os modos. É realmente melhor tocar duas ou três ideias bem a tocar vinte três ideias precariamente.

Eu realmente espero que as ideias nesse livro ajudem a inspirar seus improvisos de formas novas e excitantes. Vá com calma e divirta-se.

Joseph